한눈에 익히는
천자문

장개충 편저

千
字
文

나무의 꿈

한눈에 익히는
천자문(千字文)

초판 1쇄 발행 | 2008년 6월 25일
2판 1쇄 발행 | 2015년 3월 2일
3판 1쇄 발행 | 2022년 4월 11일
3판 2쇄 발행 | 2025년 6월 16일

편저자 | 장개충
펴낸이 | 이환호
펴낸곳 | 나무의꿈

등록번호 | 제 10-1812호
주 소 | 서울시 마포구 잔다리로 77 대창빌딩 402호
전 화 | 02)332-4037 **팩 스** | 02)332-4031
ISBN 978-89-91168-96-1 03700

* 잘못 만들어진 책은 구입한 곳에서 교환해 드립니다.

책머리에

시공(時空)을 초월한 필독서(必讀書)

「천자문(千字文)」은 말 그대로 서로 다른 글자 1천 자(字)를 가지고 4자씩 사언고시(四言古詩) 250구(句)를 이루고, 그것을 여덟 자씩 절(節)을 만들어 하나의 의미있는 125개의 문장으로 구성되어 있다.

그 내용의 구성 또한 하늘과 땅, 자연(自然)의 섭리로부터 시작하여 우리 자신을 살펴볼 수 있는 의식과 문화뿐만 아니라 일상생활에 이르기까지 사람이 갖추어야 할 덕목(德目), 교훈 등이 총망라되어 있다.

특히 중국의 역사(歷史)를 비롯하여 천문·지리·처세와 지혜, 제왕(帝王)의 길과 백성을 다스리는 위정자들의 몸가짐 등, 정치·문학은 물론이요 군자(君子)의 도(道)와 예의범절에 이르기까지 두루 담겨 있어 가히 시간과 공간을 초월한 책이라 할 수 있겠다.

처음 쓰여지게 된 것은 중국 남북조시대 양(梁)나라의 무제(武帝)가 왕희지(王羲之, 307~365)의 글씨 가운데서 서로 다른 글자 1천 자를 **뽑아** 당시 문사(文史)였던 주흥사(周興嗣, 470?~521)에게 주며, '운(韻)을 붙여 글을 만들라' 하였다. 이에 주흥사는 황제의 명을 받들어 하룻밤 사이에 「천자문(千字文)」을 짓고 보니, 머리가 하얗게 세었다 하여 이를 「백수문(白首文)」 또는 「백두문(白頭文)」이라고 부른다.

「천자문」이 우리나라에 들어온 지는 정확히 알 수 없으나 백제의 박사 왕인(王仁)이 일본에 「천자문」과 「논어(論語)」를 전해 주었다는 기록과, 고려 충목왕(忠穆王) 때 「천자문」을 배웠다는 기록이 나온다. 그러나 무엇보다도 가장 널리 알려지고 일반화된 것은 조선 선조(宣祖) 때의 명필로 이름난 한석봉(韓石峰)이 낸 「석봉천자문」이다.

거슬러 올라가 천자문은 조선시대 초기(初期) 학자들의 필수 교과목이라 할 수 있을 만큼 무수히 간행되었다. 그 중에서도 양평대군을 비롯하여 박팽년·이황·김인후·정약용 등이 다양한 서체의 「천자문」 필적을 남겼다.

「천자문」은 단순한 글자의 익힘이 아니라 구(句)와 절(節) 속에 숨어 있는 자연의 이치와 역사·철학의 지혜로움을 함께 배워야 되리라 생각된다.

2008. 6월
편저자 씀

한눈에 익히는
천자문(千字文)

장 개 충 편저

天	地	玄	黃
하늘 천	땅 지	검을 현	누를 황

하늘과 땅은 검붉고 누르며,

解說

푸른 하늘을 가리켜 검붉다고 한 것은 눈에 보이는 하늘의 빛깔을 나타낸 것이 아니라 하늘의 본바탕을 말한 것이요, 땅이 누르다고 한 것은 황(黃)·청(青)·적(赤)·흑(黑)·백(白) 5색(色)에서 땅의 빛인 황색을 중심사상으로 삼았다.

字義

- **天** : 하늘, 하느님, 임금, 운명, 기후, 계절, 자연, 양(陽).
- **地** : 땅, 국토, 곳, 장소, 지체, 신분, 토지의 신(神).
- **玄** : 검다, 적흑색, 하늘빛, 아득히 멂, 천지만물의 근원.
- **黃** : 누르다, 누른 빛, 어린아이, 늙은이, 황금, 황제.

天地玄黃　天地玄黃

집 우	집 주	넓을 홍	거칠 황

우주는 넓고도 거칠다.

解說

　우주, 곧 하늘과 땅 사이는 우리가 헤아려볼 수 없을 만큼 무한대로 넓고 크며 그 끝이 없음을 말함이다.
　까마득한 옛날 우주가 개벽할 때에는 모든 것이 혼돈의 상태에서 거칠고 황량하였음을 나타낸다.

字義

- 宇 : 집, 지붕, 하늘, 세계, 천지, 사방, 크다.
- 宙 : 집, 주거, 하늘, 동량, 무한의 시간.
- 洪 : 넓다, 큰 물, 홍수, 많다.
- 荒 : 거칠다, 흉년들다, 허황하다, 어둡다.

日	月	盈	昃
날 일	달 월	찰 영	기울 측

해와 달은 차기도 하고 기울기도 하며,

解說

아침 해는 동쪽에서 떠서 한가운데 이르러 가장 뜨겁게 비추다가 서쪽으로 기울어 간다. 달 또한 한 달에 한 번씩 둥글게 가득 찼다가 조금씩 이지러지게 마련이다. 하늘과 땅의 차고 비는 이치가 이와 같다하겠다.

字義

- 日 : 날, 해, 낮, 때, 햇볕, 날 수.
- 月 : 달, 달빛, 세월, 달마다, 월경.
- 盈 : 차다, 가득 차 넘치다, 많다, 만월(滿月).
- 昃 : 기울다, 해가 서쪽으로 기울다, 오후.

| 별 진(신) | 잘 숙/별자리 수 | 벌일 렬 | 베풀 장 |

별들은 각각 하늘에 고루 벌여 있다.

解說

진(辰)은 별이 자리잡고 있는 우주 공간 허공을 가리키나 숙(宿)은 자는 것이니, 별들이 각각 제자리에서 자리잡고 있는 별자리도 함께 나타낸다. 이와 같이 온 하늘에 널리 펼쳐 있는 별들을 나타낸다.

字義

- 辰 : (진) 별, 십이지, 별 이름. (신) 때, 시각, 새벽.
- 宿 : (숙) 자다, 머무는 집, 묵다, 오래다.
  (수) 별자리, 성좌(星座).
- 列 : 벌이다, 늘어놓다, 나란히 하다, 행렬.
- 張 : 베풀다, 벌리다, 늘이다, 뽐내다.

찰 한	올 래	더울 서	갈 왕

추위가 오면 더위가 가고,

解說

천지 기운의 이치에서 보면 새로운 봄에서부터 여름까지 퍼진 따사로운 기운이 가을이 되면서부터 서서히 물러나 추위를 맞이하는 자연의 순환을 의미한다.

字義

- 寒 : 차다, 춥다, 가난하다, 천하다.
- 來 : 오다, 오게하다, 불러오다, 앞으로의 일.
- 暑 : 덥다, 무더움, 더위, 여름.
- 往 : 가다, 예, 옛적, 이따금, 보내다.

| 가을 추 | 거둘 수 | 겨울 동 | 감출 장 |

가을에 거두어 들이고 겨울에 저장한다.

解說

곧 봄에 논밭을 갈아 씨앗을 뿌리고 여름에 김매고 가을에 추수하여 곡식을 거두고, 겨울에는 그것을 창고에 넣어 저장한다는 뜻이다. 장(藏)은 모든 양기(陽氣)가 땅 속으로 들어가는 것을 말한다.

字義

- 秋 : 가을, 결실, 성숙한 때, 세월.
- 收 : 거두다, 받아들이다, 떠맡다, 돌보다.
- 冬 : 겨울, 동절기, 겨울을 지내다.
- 藏 : 감추다, 간직하다, 저장하다, 곳집.

| 윤달 윤 | 남을 여 | 이룰 성 | 해 세 |

윤달의 남은 것으로 해를 이루고,

解說

역법(曆法)에 보면 음력으로 일년에 10일이 남는다. 곧 3년이면 한 달이 남는 셈이다. 이에 윤달을 두어 해(歲)를 조절하였다.

※ 고대의 자연과학에서는 역법과 음양의 이기(二氣)로써 사계(四季)를 조절한다는 것을 말한 것이다.

字義

- 閏 : 윤달, 윤년, 윤위.
- 餘 : 남다, 넉넉하다, 나머지, 여가, 틈.
- 成 : 이루다, 이루어지다, 다스리다.
- 歲 : 해, 새해, 나이, 세월.

법 률	음률 려	고를 조	볕 양

음률을 가지고 음양을 고르게 한다.

解說

각각 사계절에 응하는 곡조를 써 음양의 기운을 조절한다는 말이다. 곧 그 달에 응하는 곡조를 쓸 때에 그 지방의 기후는 그 곡조에 응해서 조화될 수가 있다는 말이다.

字義

- 律 : 법, 법칙, 음률, 가락.
- 呂 : 음률, 풍류, 등뼈.
- 調 : 고르다, 길들이다, 지키다, 뽑다.
- 陽 : 볕, 해, 양지, 홀수, 밝다.

雲	騰	致	雨
구름 운	오를 등	이를 치	비 우

구름이 하늘에 올라 비가 되고,

解說

  음양(陰陽) 두 기운의 작용을 말함이다. 비와 이슬은 초목(草木)을 물오르게 하고 자라게 한다. 그러나 서리의 엄하고 사나움은 오히려 초목을 마르게 한다.

字義

- 雲 : 구름, 습기, 높다, 많다.
- 騰 : 오르다, 뛰어오르다, 날다, 도약하다.
- 致 : 이루다, 이룩하다, 이르다, 다다르다.
- 雨 : 비, 비가 오다, 떨어지다.

雲騰致雨   雲騰致雨

이슬 로	맺을 결	할 위	서리 상

이슬이 맺히어 서리가 된다.

解說

 자연 현상의 기묘한 변화를 통해 세상 삶의 교훈을 얻을 수 있다. 하늘에는 해와 달과 별, 구름, 비, 이슬, 서리가 있어 사계절이 이루어지고 역법(曆法)이 정해졌다.

字義

- 露 : 이슬, 은혜, 덕분, 드러나다, 젖다.
- 結 : 맺다, 묶다, 끝내다, 매듭, 잇다.
- 爲 : 하다, 행하다, ~라고 하다, 위하다.
- 霜 : 서리, 해, 년, 세(歲), 머리털이 세다.

| 쇠 금 | 날 생 | 고울 려 | 물 수 |

금(金)은 여수(麗水)에서 나고,

解說

여수는 운남성 여강부(麗江府)에 있는 금사강(金沙江)을 일컫는다. 땅에서 나는 모든 물건 중에 제일 귀중한 것이 황금이고 진귀하게 여기는 것이 옥(玉)이다.

字義

- 金 : 쇠, 금, 오행(五行)의 하나, 황금, 성씨(姓氏) 김.
- 生 : 나다, 낳다, 살다, 자라다, 삶.
- 麗 : 곱다, 빛나다, 걸리다, 붙다.
- 水 : 물, 강, 하천, 별자리.

| 구슬 옥 | 날 출 | 곤륜산 곤 | 언덕 강 |

옥(玉)은 곤륜산(崑崙山)에서 난다.

解說

곤강(崑岡)은 곤륜산 언덕이라는 뜻이며, 곤륜산은 중국 서쪽에 있다는 전설상의 큰 산. 하늘에 이르는 높은 산, 또는 아름다운 옥(玉)이 난다는 산으로 알리어졌다가 불사(不死)의 물이 흐르는 신선경(神仙境)이라 믿어졌다.

字義

- 玉 : 구슬, 아름다운 돌, 아름답다, 훌륭하다.
- 出 : 나다, 태어나다, 나타나다, 발생하다.
- 崑 : 산이름(곤륜산), 시의 한 체.
- 岡 : 언덕, 산등성이, 산봉우리, 구릉.

劍	號	巨	闕
칼 검	이름 호	클 거	대궐 궐

칼에는 거궐(巨闕)이 이름났고,

解說

월나라 왕 윤상이 구야자를 불러다가 좋은 칼 다섯 자루를 만들었는데, 세 자루는 크게 만들고 두 자루는 작게 만들었다. 그 칼들은 둔구(鈍鉤)·잠로(湛盧)·호조(豪曺)·어장(魚腸)·거궐(巨闕)이라고 했다.

字義

- 劍 : 칼, 검, 비수(匕首), 검법.
- 號 : 부르짖다, 울부짖다, 일컫다, 이름.
- 巨 : 크다, 거대하다, 많다, 거칠다.
- 闕 : 대궐, 궁궐문, 문, 빠지다.

| 구슬 주 | 일컬을 칭 | 밤 야 | 빛 광 |

구슬에는 야광주를 일컫는다.

解說

　야광주(夜光珠)는 어두운 밤에도 물건을 비칠 만큼 밝은 빛이 나는 구슬을 말한다. 구슬은 바다에서 난다. 구슬에는 아홉 가지 종류가 있는데 1치 8·9푼까지의 크기로 된 것이 제일 큰 것으로써 광채가 있다.

字義

- 珠 : 구슬, 진주나 보석 따위, 둥근 알.
- 稱 : 일컫다, 이르다, 부르다, 명성, 저울.
- 夜 : 밤, 새벽, 그늘, 어둠.
- 光 : 빛, 재능·명성이 빛나다, 영화롭다.

珠稱夜光　珠稱夜光

| 과실 과 | 보배 진 | 오얏 리 | 능금나무 내 |

과실로는 오얏과 능금이 보배스럽고,

[解說]

　오얏(李)은 중국이 원산으로 자두나무를 일컫는데, 8월에 황색 또는 자색으로 익는다. 내(柰)는 벗이라고도 하고 사과라고도 하는데 중국 북쪽 지방에 나던 실과로서 능금과 같다. 여기에서 오얏과 벗만을 든 것은 모두 맛이 달고 아름답기 때문이다.

[字義]

- 果 : 과실, 나무의 열매, 해내다, 결과.
- 珍 : 보배, 진귀하다, 맛좋은 음식.
- 李 : 오얏(자두), 오얏나무, 행장.
- 柰 : 능금(사과)나무, 어찌, 어떻게.

나물 채	무거울 중	겨자 개	생강 강

나물로는 겨자와 생강을 소중히 여긴다.

解說

겨자와 생강은 모두 맛이 매워서 입 속을 상쾌하게 하기 때문에 소중히 여기던 채소류이다. 여기에서는 땅에서 생산되는 것 중의 별미(別味)를 든 것이다.

字義

- 菜 : 나물, 푸성귀, 반찬, 남새밭.
- 重 : 무겁다, 크다, 소중함, 존중하다, 거듭.
- 芥 : 겨자, 티끌, 먼지, 갓, 작은 풀.
- 薑 : 생강, 새앙.

| 바다 해 | 짤 함 | 물 하 | 묽을 담 |

바닷물은 짜고 강물은 싱겁다.

解說

물에는 바닷물과 강물이 있는데 바닷물은 짜고 강물은 싱겁다. 하(河)는 보통 황하(黃河)를 일컫지만 여기에서는 모든 강(시냇물)을 말한다. '냇물은 모두 산에서 시작한 샘물로 그 맛이 반드시 싱겁다'라고 했다.

字義

- 海 : 바다, 바닷물, 넓다, 크다.
- 鹹 : 짜다, 짠맛, 소금기, 쓴맛.
- 河 : 강, 내, 운하, 황하(黃河).
- 淡 : 묽다, 연하다, 물 맑다, 싱겁다.

| 비늘 린 | 잠길 **잠** | 깃 우 | 날 상 |

비늘 있는 물고기는 물 속에 잠기고 깃털있는 새들은 공중에 난다.

解說

바다나 강물에 사는 물고기들은 물 속 깊이 잠겨서 놀고, 날개있는 새들은 제멋대로 공중을 날아다니는 자연을 말한 것이다. 「시경」 대아(大雅)에도 '소리개는 날아 하늘에 이르고 물고기는 못 속에서 뛴다' 고 했다.

字義

- 鱗 : 비늘, 비늘이 있는 동물.
- 潛 : 잠기다, 숨다, 자맥질하다, 깊다.
- 羽 : 깃, 날개, 새, 돕다.
- 翔 : 날다, 달리다, 돌다.

| 용 룡 | 스승 사 | 불 화 | 임금 제 |

제왕으로는 용사(龍師, 복희씨)와 화제(火帝, 신농씨)가 있었고,

解說

용사란 용을 가지고 벼슬 이름을 붙인 복희씨(伏羲氏)를 말하고, 신농씨(神農氏) 때에는 불로 해서 상서로운 일이 있었다고 하여 불로 이름을 붙였다. 그래서 신농씨를 화제(火帝), 또는 염제(炎帝)라고 부른다.

字義

- 龍 : 용, 임금, 뛰어난 인물, 언덕.
- 師 : 스승, 전문적인 기예를 닦은 사람.
- 火 : 불, 오행의 하나, 타다, 양(陽), 태양.
- 帝 : 임금, 천자, 하느님.

| 새 조 | 벼슬 관 | 사람 인 | 임금 황 |

조관(鳥官, 소호씨)와 인황(人皇, 황제씨)가 있었다.

解說

소호씨(少昊氏) 때에는 봉황(鳳凰)이 나왔다고 해서 새 이름으로 벼슬 이름을 지었다.

태고 때에 천황씨(天皇氏)·지황씨(地皇氏)·인황씨(人皇氏)라는 제왕들이 있었는데, 그 인황씨를 말한 것이다.

字義

- 鳥 : 새, 별이름.
- 官 : 벼슬, 벼슬아치, 관청, 기관.
- 人 : 사람, 타인, 인격, 인품, 백성.
- 皇 : 임금, 군주, 천제, 크다, 봉황.

| 비로소 시 | 지을 제 | 글월 문 | 글자 자 |

비로소 글자를 만들고,

解說

상고(上古)에는 복희씨가 글자를 만들어 모든 것을 기록하게 했다고 했으며, 한(漢)나라 허신(許愼)은 '황제의 사관(史官) 창힐(蒼頡)이 새와 짐승의 발자취를 보고 그 이치를 터득하여 글자를 만들었다' 고 했다.

字義

- 始 : 비로소, 비롯하다, 시작하다.
- 制 : 짓다, 마르다, 만들다, 정하다, 법도.
- 文 : 글월, 문장, 글자, 책, 학문, 꾸미다.
- 字 : 글자, 아이를 배다, 양육하다, 기르다.

| 이에 **내** | 입을 **복** | 옷 **의** | 치마 **상** |

이에 옷을 만들어 입게 되었다.

解說

 또한 상고에는 새나 짐승의 가죽을 벗겨 몸을 가렸다. 그러던 것을 황제 때에 호조(胡曺)라는 사람이 처음으로 옷을 만들어 사람들에게 입도록 가르쳤다고 한다.

字義

- 乃 : 이에, 너, 그, 곧, 어조사.
- 服 : 옷, 의복, 옷 입다, 일하다.
- 衣 : 옷, 의복, 웃 옷, 싸는 것.
- 裳 : 치마, 낮에 입는 옷, 사물의 형용.

| 옮길 추 | 자리 위 | 사양할 양 | 나라 국 |

천자의 자리를 물려주고 나라를 사양한 이는,

解說

위(位)란 벼슬에 있는 자가 조정에 서 있는 자리를 말한다. 요(堯) 임금은 아들 단주(丹朱)가 못났다고 생각해, 민간에 덕이 있는 어진 순(舜)에게 천자의 자리를 양보했다. 또 순은 신하들 중에 우(禹)가 어질어 그에게 천자의 자리를 물려 주었다.

字義

- 推 : (추) 옮기다, 밀다, 천거하다, 변천함.
  (퇴) 밀다, 물려주다.
- 位 : 자리, 지위, 위치, 자리잡다.
- 讓 : 사양하다, 양보하다, 물러나다.
- 國 : 나라, 도읍, 서울, 나라를 세우다.

있을 유	나라이름 우	질그릇 도	당나라 당

도당씨(陶唐氏, 요임금)과 유우씨(有虞氏, 순임금)이다.

解說

도당은 요(堯) 임금의 칭호를 말한 것으로 도(陶) 땅에 살다가 당(唐) 땅으로 옮겼기 때문이다. 우(虞)는 순(舜) 임금이 살던 땅이다.

字義

- 有 : 있다, 가지다, 보유하다, 앎, 또.
- 虞 : 나라 이름(舜帝), 염려하다, 잘못.
- 陶 : 질그릇, 요(堯) 임금, 옹기장이.
- 唐 : 당나라, 황당하다, 크다, 넓다.

| 조상할 조 | 백성 민 | 칠 벌 | 허물 죄 |

백성을 위문하고 죄를 징벌한 것은,

解說

조(弔)는 상(喪)당한 사람을 조상한다는 뜻이지만, 곤란한 일에 처한 사람을 위로한다는 뜻으로도 쓰인다. 폭군으로 일컬어 죄 있는 임금은 하(夏)나라 걸왕(桀王)과 은(殷)나라 주왕(紂王)을 말한다.

字義

- 弔 : 조상하다, 위문하다, 불쌍히 여기다.
- 民 : 백성, 어둡다, 어리석음.
- 伐 : 치다(징벌하다), 잘라내다, 베다.
- 罪 : 허물, 죄, 범죄, 과오, 재앙.

弔民伐罪　　弔民伐罪

| 두루 주 | 필 발 | 은나라 은 | 끓일 탕 |

주나라 발(發, 武王)과 은나라 탕왕(湯王)이었다.

解說

그 두 임금은 가렴주구(苛斂誅求), 주지육림(酒池肉林) 등 잔인하고 포악해서 백성들을 짓밟고 괴롭혔다. 이에 주(周)의 무왕, 즉 발(發)과 은(殷)의 탕왕(湯王)이 걸왕과 주왕을 징벌했다.

字義

- 周 : 두루, 널리, 골고루 미침. 주나라.
- 發 : 피다, 일어나다, 펴다, 드러내다.
  주(周)나라 무왕(武王)의 이름.
- 殷 : 은나라, 성하다, 많다.
- 湯 : 끓이다, 끓인 물, 욕탕. 은(殷)나라 탕왕(湯王)의 이름.

| 앉을 좌 | 조정 조 | 물을 문 | 길 도 |

조정에 앉아서 백성을 다스릴 올바른 길을 물어,

解說

덕이 있는 임금은 조정에서 백성 다스리는 길을 어진 신하들에게 물어서 일을 처리한다. 그리하면 모두 올바르게 일이 처리되고 세상 일은 잘 다스려질 수 있다.

字義

- 坐 : 앉다, 무릎 꿇다, 지키다, 자리, 좌석.
- 朝 : 아침, 처음, 조정, 왕조, 정사.
- 問 : 묻다, 안부를 묻다, 부르다.
- 道 : 길, 도로, 이치, 도리, 다니다.

| 드리울 **수** | 팔짱낄 **공** | 평평할 **평** | 밝을 **장** |

(세상이 잘 다스려질 때에는) 옷을 드리우고 팔짱을 낀 채로 있어도 평화롭고 밝게 잘 이루어졌다.

解說

평장(平章)은 백관(百官)을 다스리는 데 공평하고 질서 바르고 분명하다는 뜻이다. 곧, 평장은 요 나라의 치적 (治蹟)을 찬양하는 것이고, 수공(垂拱)은 무왕의 정치를 찬미하는 말이다.

字義

- 垂 : 드리우다, 거의, 모범, 가장자리.
- 拱 : 두 손 맞잡다, 팔짱을 끼다.
- 平 : 평평하다, 고르다, 편안하다.
- 章 : 글, 문체, 문장, 조목, 규정.

사랑 애	기를 육	검을 려	머리 수

백성을 사랑하고 기르니
(그 은혜가 온누리에 펼쳐),

解說

黎首 ; 갓을 쓰지 않는 일반 백성의 까만 머리. 곧 여러 백성을 뜻한다. 어진 임금의 은혜(恩惠)가 백성들에게 널리 흡족하게 미치는 것을 말한 것이다.

字義

- 愛 : 사랑, 인정, 자애, 즐기다.
- 育 : 기르다, 키우다, 자라다, 낳다.
- 黎 : 검다, 많다, 뭇, 녘.
- 首 : 머리, 첫머리, 우두머리.

신하 **신**	엎드릴 **복**	오랑캐 **융**	오랑캐 **강**

오랑캐들도 신하로서 복종시켰다.

解說

어진 임금이 천하를 다스릴 때에는 백성들을 사랑하고 길러서 그 덕화가 미치지 않는 곳이 없다. 오히려 지경 밖의 오랑캐 족속들까지도 신하로서 복종하게 된다는 말이다.

字義

- 臣 : 신하, 섬기다, 백성.
- 伏 : 엎드리다, 엎어짐, 굴복하다, 복종함.
- 戎 : 오랑캐, 병장기, 군사.
- 羌 : 오랑캐, 탄식소리, 고달프다.

멀 하	가까울 이	한 일	몸 체

멀리 있는 나라와 가까이 있는 나라들이 모두 일체가 되어,

解說

일체(壹體)는 한 몸뚱이와 같이 한 모양으로 행동함을 뜻한다. 그러므로 먼 곳에 있거나 가까운 곳에 있거나 모두가 한 몸이 되었다.

字義

- 遐 : 멀다, 아득함, 멀리하다.
- 邇 : 가깝다, 거리가 짧다.
- 壹 : 한, 하나, 한 일(一) 자의 갖은 자, 같다.
- 體 : 몸, 신체, 사지(四肢).

| 거느릴 솔 | 손님 빈 | 돌아올 귀 | 임금 왕 |

서로 이끌고 복종하여 임금에게로 돌아온다.

解說

귀왕(歸王)은 임금 있는 곳으로 가서 복종한다는 말.
모든 백성들이나 제후들까지, 또는 딴 나라에 이르기까지 모두 임금의 덕에 감화되어 임금에게로 마음을 향하여 복종한다는 말이다.

字義

- 率 : 거느리다, 좇다, 앞장서다, 비율(률).
- 賓 : 손, 손님, 존경하다, 따르다.
- 歸 : 돌아가다, 돌아오다, 의탁하다.
- 王 : 임금, 우두머리, 임금 노릇하다.

울 명	봉새 봉	있을 재	나무 수

(천하를 잘 다스리면)
봉황새는 나무에 앉아 울고,

解說

천하가 잘 다스려지면 천지의 화락한 기운이 새와 짐승까지도 감화시킨다. 그리하여 봉황이라는 상서로운 새가 나와서 오동나무에 앉아 울게 마련이다.

字義

- 鳴 : 울다, 새·짐승의 울음, 부르다.
- 鳳 : 봉새(봉황의 수컷), 봉황새.
- 在 : 있다, 찾다, 방문함, 살피다.
- 樹 : 나무, 초목, 심다, 세우다.

| 흰 백 | 망아지 구 | 밥 식 | 마당 장 |

흰 망아지는 마당에서 풀을 먹는다.

解說

식장(食場)은 임금에게로 온 어진 사람이 임금과 여러 가지 이야기를 하는 동안에 그가 타고 온 망아지가 마당 가에서 한가롭게 풀을 뜯어먹는다는 말이다.

字義

- 白 : 희다, 깨끗하다, 밝다, 비다.
- 駒 : 망아지, 짐승의 새끼, 애말.
- 食 : (식) 밥, 음식, 먹다, 양식, 녹. (이) 사람 이름.
  (사) 먹이다, 기르다, 밥.
- 場 : (장) 마당, 싸움터, 장소, 곳.
  (량) 도량(道場) : 불도를 닦기 위한 곳.

| 될 화 | 입을 피 | 풀 초 | 나무 목 |

(어진 임금의 덕화는)
풀이나 나무에게까지도 미치며,

解說

 어진 임금이 있을 때에는 사람뿐만 아니라, 널리 땅 위에 있는 만물들까지도 그 덕화(德化)를 입게 된다. 그러므로 풀 한 포기, 한 그루의 나무에 이르기까지 윤택하게 자란다.

字義

- 化 : 되다, 화하다, 변함, 가르치다.
- 被 : 입다, 이불, 덮다, 미치다, 피해.
- 草 : 풀, 풀숲, 잡초, 거칠다, 엉성하다.
- 木 : 나무, 목재, 가구, 질박하다.

힘입을 **뢰**	미칠 **급**	일만 **만**	모 **방**

(그 큰 은혜는)
나라 밖 만방에까지 널리 미친다.

解說

또한 백성들의 복지와 복리(福利)가 온 천하에 널리 퍼져서 가득 찬다는 것을 뜻한다. 여기에서의 화(化)는 임금의 덕으로 다스리는 정치에 의해서 백성들의 풍속이 아름답게 변한다는 말이다.

字義

- 賴 : 힘입다, 의지하다, 의뢰, 얻다.
- 及 : 미치다, 미치게 하다, 이르다, 및.
- 萬 : 일(1)만, 다수, 갖가지, 크다.
- 方 : 모, 각, 네모, 사방, 방위, 장소.

| 대개 개 | 이 차 | 몸 신 | 터럭 발 |

대개 나의 몸과 터럭은 [신체 발부(身體髮膚)는],

解說

사대(四大)란 사람의 몸뚱이가 땅·물·불·바람의 4가지 기운으로 이루어져, 죽으면 각각 그 근본 기운으로 돌아간다는 불교 사상을 말한다.

字義

- 蓋 : 대개, 덮다, 가리다, 뚜껑.
- 此 : 이, 이와 같은, 이곳, 이에.
- 身 : 몸, 아이 배다, 몸소, 연령.
- 髮 : 머리털(머리), 터럭, 초목.

| 넉 사 | 큰 대 | 다섯 오 | 항상 상 |

(부모에게서 받은) 4대 요소 [지수화풍(地水火風)]과 5상[인의예지신(仁義禮智信)]으로 되어 있다.

解說

오상(五常)은 사람의 마음과 성품 속에 있는 것으로 잘 길러야 한다. 곧 사람으로서 마땅히 지켜야 할 다섯 가지 도리. 인(仁)·의(義)·예(禮)·지(智)·신(信). 또는 부모 형제 자식이 저마다 지켜야 할 도리를 뜻하기도 한다.

字義

- 四 : 넷, 네 번, 사방.
- 大 : 크다, 많다, 지나다, 대개.
- 五 : 다섯, 다섯 번, 갖은자는 伍.
- 常 : 항상, 늘, 언제나, 떳떳하다.

공손할 **공**	오직 **유**	기를 **국**	기를 **양**

(삼가) 공손히 자기를 낳아 길러주신 부모의 큰 은공을 생각하여,

解說

아버지는 나를 낳게 하시고 어머니는 나를 기르시어 자라게 하셨다. 그러니 그 은혜 갚고자 하면 하늘같이 끝이 없다.

字義

- 恭 : 공손하다, 공경하다, 삼가다, 받들다.
- 惟 : 오직, 생각하다, 한갓, 이유.
- 鞠 : 기르다, 고하다, 알리다, 어리다.
- 養 : 기르다, 성장시키다, 사육하다, 양육.

| 어찌 기 | 감히 감 | 헐 훼 | 상할 상 |

어찌 감히 이 몸을 헐고 상하게 할 수 있으랴.

解說

몸과 터럭은 모두 부모에게서 받은 것이니, 어찌 감히 함부로 더럽히거나 상하게 할 수 있겠는가. 오히려 그것을 온전히 간직하는 것이 효도의 시작이다.

字義

- 豈 : 어찌, 결코, 왜, 일찍이.
- 敢 : 감히, 감당하다, 굳세다, 용감하다.
- 毁 : 헐다, 깨뜨리다, 험담, 망치다.
- 傷 : 상하다, 다치다, 상처, 해치다.

女	慕	貞	烈
계집 녀	사모할 모	곧을 정	매울 렬

여자는 곧은 정조와 굳은 절개를 사모하고,

解說

여자는 바르고 곧은 정조가 있어야 하고, 또 깨끗하고 티가 없는 굳은 지조와 올바른 행실이 있어야 한다는 말이다.

字義

- **女** : 계집, 여자, 처녀, 딸, 시집 보내다.
- **慕** : 사모하다, 그리워하다, 생각하다, 뒤따르다.
- **貞** : 곧다, 정하다, 정조, 절개, 정성.
- **烈** : 맵다, 세차다, 절개 굳다, 굳세다.

사내 **남**	본받을 **효**	재주 **재**	어질 **량**

남자는 재주(능력)와 어짊(덕)을 본받아야 한다.

解說

　남자는 재능이 있어 무슨 일이나 잘할 수 있는 가운데 어질고 착한 마음과 성품을 갖추어 재덕(才德)을 겸비한 사람이 제일이다.

字義

- 男 : 사내, 남자, 아들, 남작.
- 效 : 본받다, 주다, 힘쓰다, 보람.
- 才 : 재주, 재능이 있는 사람, 기본, 바탕.
- 良 : 어질다, 좋다, 착하다, 잘, 온순하다.

알 **지**	허물 **과**	반드시 **필**	고칠 **개**

(자신의) 허물을 알면 반드시 고치고,

解說

허물을 고치는데 서슴지 말고, 일단 체득한 도(道)는 평생동안 잊지 말라는 뜻이다. 자기 몸에 과실이 있다고 깨달았을 때에는 반드시 착한 행동으로 옮겨 행해야 한다.

字義

- 知 : 알다, 깨닫다, 터득하다, 지능, 슬기.
- 過 : 허물, 지나다, 거치다, 잘못하다.
- 必 : 반드시, 오로지, 꼭, 기필코.
- 改 : 고치다, 바로잡다, 바꾸다, 다시.

得	能	莫	忘
얻을 **득**	능할 **능**	말 **막**	잊을 **망**

능히 실행할 것을 얻었으면 잊지 말아야 한다.

解說

또한 학문으로 해서 자기 마음속에 얻는 바가 있어 실행에 옮기는 것을 얻었을 때는 잘 지키고 마음 속에 새겨두어야 한다.

字義

- 得 : 얻다, 깨닫다, 탐하다, 알맞다.
- 能 : 능하다, 잘하다, 재주가 뛰어남.
- 莫 : (막) 말라, 없다, 멀다, 아득하다.
  (모) 저물다, 늦다, 밤.
- 忘 : 잊다, 버리다, 소홀히 하다, 끝남.

없을 망	이야기 담	저 피	짧을 단

남의 단점을 말하지 말고,

解說

　남에게 단점이 있다고 해서 이 사람 저 사람에게 말해서는 안 된다. 또 자기가 남보다 좀 나은 점이 있다고 해서 자랑해서도 안된다. 이는 모두 덕을 손상시키는 일이다.

字義

- 罔 : 없다, 말라(경계하는 말), 그물.
- 談 : 이야기하다, 말씀, 설화.
- 彼 : 저, 저기, 아니다, 덮다, 그.
- 短 : 짧다, 작다, 적다, 허물, 결점.

| 없을 미 | 믿을 시 | 몸 기 | 긴 장 |

자신의 장점을 너무 믿거나 자랑하지 말라.

解說

남의 단점을 말하면 반드시 자기의 덕을 상하고 품위(品位)를 잃게 된다. 자기 혼자 잘난 체하는 것이야말로 어리석은 행동이다.

字義

- 靡 : 없다, 쓰러지다, 다하다, 아니다.
- 恃 : 믿다, 의뢰하다, 의지하다, 어머니.
- 己 : 몸, 자기, 제 자신, 다스리다.
- 長 : 길다, 오래다, 어른, 뛰어나다, 장점.

信	使	可	覆
믿을 신	하여금 사	옳을 가	돌이킬 복

믿음이 있는 일은 마땅히 거듭 행할 것이요,

解說

신(信)은 사람(人)과 말(言)을 합한 글자로, 사람의 말이 진실되고 거짓이 없다는 뜻이다. 곧 말이 사람을 속이지 않는 것을 믿음(信)이라 한다.

字義

- 信 : 믿다, 믿음, 미쁘다, 신표, 펴다.
- 使 : 하여금, 부리다, 시키다, 사신.
- 可 : 옳다, 인정하다, 정도, 쯤.
- 覆 : 돌이키다, 엎다, 덮다, 뒤집히다.

| 그릇 기 | 하고자 할 욕 | 어려울 난 | 헤아릴 량 |

기량(器量)은 헤아릴 수 없이 커야 한다.

解說

 기(器)는 그릇이다. 그릇은 물건을 담아 두었다가 쓰는 것이니 인재(人材), 즉 기량(器量)을 뜻한다. 사람의 기량은 헤아릴 수 없이 크고 넓어야 한다는 뜻이다.

字義

- 器 : 그릇, 재능이나 도량, 도구, 인재.
- 欲 : 하고자 하다, 바라다, 탐내다, 욕심.
- 難 : 어렵다, 재앙, 난리, 근심하다.
- 量 : 헤아리다, 양, 분량, 한계.

| 먹 묵 | 슬플 비 | 실 사 | 물들일 염 |

묵적(墨翟)은 흰 실에 물들이는 것을 (악에 물들음 같이) 슬퍼했고,

解說

묵적(묵자)이 실에 물들이는 것을 보고 말하였다. '이 하얀 실을 푸르게 물들이면 푸르게 되고 노랗게 물들이면 노랗게 된다. 사람도 마찬가지로 착한 데에 물들면 착하게 되고 악한 데 물들면 악하게 된다.'

字義

- 墨 : 먹, 검다, 형벌 이름, 먹줄.
- 悲 : 슬프다, 슬픔, 마음 아파하다, 비애.
- 絲 : 실, 명주실, 실을 잣다, 가늘고 길다.
- 染 : 물들이다, 물들다, 적시다, 더럽혀지다.

| 글 시 | 기릴 찬 | 염소 고 | 양 양 |

시경(詩經)에서는 (주나라 문왕의 덕에 백성이 감화된 일) 고양(羔羊)을 찬미하였다.

解說

「시경」고양편에, '소남의 왕이 주나라 문왕의 덕정(德政)에 감화되니, 관리들은 모두 절약하고 검소하고 정직해졌다. 그리하여 그들의 성질은 염소나 양과 같이 온순해졌다' 고 하였다.

字義

- 詩 : 시, 시경(詩經), 귀글.
- 讚 : 기리다, 칭찬함, 밝히다, 기록하다.
- 羔 : 양 새끼, 새끼 양, 검은 양.
- 羊 : 양, 착하고 아름다운 것 등의 비유.

| 빛 경 | 다닐 행 | 오직 유 | 어질 현 |

행동을 크게 빛나게 하는 사람은 어진 사람이요,

解說

현인(賢人)은 재덕(才德)을 많이 쌓은 사람을 말하고, 성인(聖人)은 도(道)에 통달해서 덕이 뛰어난 사람을 말한다.

字義

- 景 : 빛, 볕, 해, 밝다, 크다, 경치.
- 行 : (행) 다니다, 걷다, 행하다, 가다.

  (항) 항렬, 줄, 대열.
- 維 : 오직, 다만, 매다, 묶다, 유지하다.
- 賢 : 어질다, 어진 사람, 낫다.

이길 **극**	생각 **념**	지을 **작**	성인 **성**

힘써 마음에 생각하여 이겨나가면 성인(聖人)이 된다.

解說

스스로 착한 행동을 실천하는 사람은 재덕(才德)이 모든 사람보다 뛰어난 어진 사람이며, 또 사람이 행할 도의(道義)를 생각해서 그것을 밝게 하려고 애쓰는 사람은 성인(聖人)이 된다.

字義

- 克 : 이기다, 능히, 견디어 내어 ~하다.
- 念 : 생각, 생각하다, 외다, 삼가다.
- 作 : 짓다, 만들다, 일어나다, 일하다, 저작.
- 聖 : 성인, 거룩한 사람, 성스럽다.

큰 덕	세울 건	이름 명	설 립

덕을 쌓아 성취하면 훌륭한 이름이 나타나고,

解說

착한 일을 행하여 몸에 덕(德)이 성취된 현인(賢人)과 군자(君子)는 반드시 그 덕에 따라서 아름다운 명성이 세상에 나타난다.

字義

- 德 : 크다, 덕, 복, 은혜, 혜택.
- 建 : 세우다, 서다, 두다, 심다.
- 名 : 이름, 외형, 명분, 평판, 유명하다.
- 立 : 서다, 세우다, 바로, 곧.

형상 **형**	끝 **단**	겉 **표**	바를 **정**

용모가 단정하면 표면(겉모습)도 바르게 된다.

解說

공자께서 말씀하시기를, '대체로 위에 있는 자는 백성의 표면이다. 표면이 바르면 무슨 물건인들 바르지 않으랴. 임금된 자가 먼저 자기 몸을 어질게 하면 대부(大夫)는 충성되고 선비는 믿음이 있으며 백성들은 마음이 착실해진다' 하였다.

字義

- 形 : 형상, 모양, 꼴, 용모, 형세.
- 端 : 끝, 가, 실마리, 단정하다, 바르다.
- 表 : 겉, 바깥, 나타내다, 밝히다.
- 正 : 바르다, 바로잡다, 정하다, 본보기.

빌 공	골 곡	전할 전	소리 성

[성현(聖賢)의 말은] 빈 골짜기에서도 소리가 전해지듯이 멀리 퍼져 나가고,

解說

덕(德)이 있는 군자가 한 번 입을 열어 착한 말을 내면 온 세상 사람들이 그 말을 공경하여 본받지 않는 자가 없다.

字義

- 空 : 비다, 하늘, 공중, 구멍, 공허하게 하다.
- 谷 : 골, 골짜기, 계곡, 길.
- 傳 : 전하다, 전하여지다, 전기.
- 聲 : 소리, 음향, 음성, 말, 소문.

빌 허	집 당	익힐 습	들을 청

(사람의 말은) 아무리 빈 집에서라도 신(神)은 익히 들을 수가 있다.

解說

　빈 방 안에는 아무런 소리도 들리지 않지만 신(神)은 다 들을 수 있으니 사람은 어디에서건 말을 조심해야 한다. '아무도 없고 어두운 곳이라 해도 신령스런 눈은 다 볼 수가 있고, 소리가 없는 광막한 들판에서도 신(神)은 듣는다'.

字義

- 虛 : 비다, 헛되다, 비우다, 틈, 약하다.
- 堂 : 집, 마루, 당당하다, 번듯하다.
- 習 : 익히다, 익숙하다, 버릇.
- 聽 : 듣다, 단정하다, 따르다, 순종함.

| 재앙 화 | 인할 인 | 악할 악 | 쌓을 적 |

악한 일을 하는 데서 재앙이 쌓이고,

解說

옛말에, '하늘은 착한 사람 편에서 착한 행동을 하는 사람에게는 행복을 주고, 악한 일을 하는 사람에게는 재앙을 준다'고 했다.

字義

- 禍 : 재앙, 재난, 걱정, 화근이 됨.
- 因 : 인하다, 이어받다, 말미암다, 인연.
- 惡 : (악) 악하다, 나쁘다, 잘못, 재난.
  (오) 미워하다, 부끄러워하다, 헐뜯다.
- 積 : (적) 쌓다, 모으다, 포개다. (자) 저축.

복 복	인연 연	착할 선	경사 경

착하고 경사스러운 일로 인연하여 복이 생긴다.

解說

「역경」에 '착한 일을 많이 한 집에는 반드시 경사가 있고, 착하지 못한 일을 많이 한 집에는 반드시 앙화가 있다' 고 했다.

字義

- 福 : 복, 행복, 상서롭다, 음복하다.
- 緣 : 인연, 인하다, 연줄, 두르다.
- 善 : 착하다, 좋다, 훌륭하다, 잘하다.
- 慶 : 경사, 경사스럽다, 축하함, 선행.

| 자 **척** | 구슬 **벽** | 아닐 **비** | 보배 **보** |

한 자의 구슬이 진귀하지만 보배가 아니요,

解說

성인(聖人)은 한 자나 되는 큰 보배는 귀하게 여기지 않아도 한 치의 짧은 시간을 소중히 여긴다. 그것은 시간이란 얻기는 어려워도 잃기는 쉽기 때문이다.

字義

- 尺 : 자, 길이의 단위, 길이를 재는 기구, 조금.
- 璧 : 구슬, 옥, 둥근 옥.
- 非 : 아니다, 거짓, 나쁘다, 허물, 비방하다.
- 寶 : 보배, 돈, 재보, 귀하다.

| 마디 촌 | 그늘 음 | 이 시 | 다툴 경 |

한 치의 짧은 시간이야말로 보배이니 분 초를 아껴 힘써야(다투어야) 한다.

解說

곧 진기(珍奇)한 큰 구슬을 보배로 여길 것이 아니라 일촌광음(一寸光陰)을 보배로 여겨야 하며, 시간을 아껴 헛되이 보내지 말고 오로지 덕을 닦는데 힘써야 한다.

字義

- 寸 : 마디, 치(길이의 단위). 촌, 적다, 촌수.
- 陰 : 그늘, 음지, 세월, 그림자, 어둡다.
- 是 : 이, 이것, 여기, 옳다, 바로잡다.
- 競 : 다투다, 겨루다, 쫓다, 나아가다.

| 재물 자 | 아비 부 | 일 사 | 임금 군 |

아비 섬기는 마음으로 임금을(나라를) 섬기되,

解說

자식으로서 부모 섬기는 일보다 더 소중한 일은 없다. 또 임금을 섬기는 일도 마찬가지다. 「효경(孝經)」에, '아비 섬기던 마음으로 임금을 섬길 것이니 공경하는 것은 마찬가지이다' 라고 했다.

字義

- 資 : 재물, 밑천, 자본, 비용, 쌓다.
- 父 : 아비, 아버지, 늙으신네, 남자미칭(보).
- 事 : 일하다, 직분, 임무, 섬기다.
- 君 : 임금, 나라, 남편, 부모, 군자.

가로 **왈**	엄할 **엄**	더불 **여**	공경할 **경**

공경함과 더불어 엄숙해야 할지니라.

解說

또 '친히 나아서 길러 주었으니 부모 봉양하기를 날로 엄하게 해야 할 것이다.' 그리고 나아가 아비를 섬기는 도리로써 임금을 섬기되 두려워하고 공경하는 것은 당연한 일이다.

字義

- 曰 : 가로되, 이르다, ~라 하다.
- 嚴 : 엄하다, 엄숙하다, 공경하여 삼감.
- 與 : 주다, 더불어 함께, 무리, 참여.
- 敬 : 공경하다, 공손함, 삼가다, 예(禮).

효도 **효**	마땅 **당**	다할 **갈**	힘 **력**

효도는 마땅히 있는 힘을 다해야 할 것이요,

解說

효(孝)는 늙을 노(老)에서 匕획을 버리고 아들 자(子)를 더한 글자이다. 곧 자식이 늙은 부모를 보호한다는 뜻으로 부모를 잘 섬겨서 길러 준 은혜에 보답한다는 것은 자식된 도리이다.

字義

- 孝 : 효도, 효도를 하다, 효자, 친상에 복을 입다.
- 當 : 마땅하다, 당하다, 대적하다, 주관하다.
- 竭 : 다하다, 바닥이 나다, 끝나다, 망하다.
- 力 : 힘, 힘쓰다, 군사, 하인, 일꾼.

| 충성 충 | 곧 즉 | 다할 진 | 목숨 명 |

충성은 목숨이 다할 때까지 힘써 해야 할지니라.

解說

충(忠)은 자기의 중심(中心)을 다함을 말하는 것으로써, 몸을 바쳐 임금을 섬긴다는 뜻이다. 곧 임금을 섬기는 데 있어 자기 목숨을 바쳐 충성을 다해야 한다는 말이다.

字義

- 忠 : 충성, 진심, 정성, 도, 정성을 다하다.
- 則 : (즉) 곧, 결국, 다만.
  (칙) 법칙, 규칙, 법률, 본받다.
- 盡 : 다하다, 정성을 다함, 진력하다.
- 命 : 목숨, 수명, 운수, 운명, 명령하다.

임할 림	깊을 심	밟을 리	얇을 박

(충효의 길은 마치) 깊은 연못에 임하듯, 얇은 얼음 위를 걷듯이 조심해야 하며,

解說

「시경 소아(小雅)」에, '두려워하고 조심하는 것이 마치 깊은 연못가에 간 것 같고, 얇은 얼음을 밟는 것 같다'고 하는 것은, 부모가 주신 자기 몸을 삼가 상하지 않고 더럽히지 않으며, 부모를 욕되게 해서는 안 된다는 말이다.

字義

- 臨 : 임하다, 미치다, 다다르다.
- 深 : 깊다, 깊이, 심히, 짙다.
- 履 : 밟다, 신다, 걷다, 경험, 경력.
- 薄 : 얇다, 야박하다, 메마르다, 박하다.

臨深履薄   臨深履薄

| 일찍 숙 | 일어날 흥 | 따뜻할 온 | 서늘할 정 |

일찍 일어나 추우면 따뜻하게 하고, 더우면 서늘하게 섬겨야 한다

解說

　아침 일찍 일어나서 밤 늦게까지 부모를 모셔 추울 때는 자리를 따뜻하게 해드리고 더울 때는 서늘하게 보살펴서 몸을 편안하게 해드려야 한다.

字義

- 夙 : 일찍, 새벽, 이르다, 빠르다.
- 興 : 일다, 일어남, 번성함, 흥하다.
- 溫 : 따뜻하다, 온화하다, 온화.
- 淸 : 서늘하다, 선선함, 춥다.

같을 **사**	난초 **란**	이 **사**	향내멀리 날 **형**

(충효의 길을 다함에 있어) 난초와 같이 멀리까지 향기가 나고,

解說

「역경(易經)」에, '마음이 같은 사람의 말은 그 냄새가 마치 난초와 같다.' 고 했다.
난초는 향기나는 풀이다.

字義

- 似 : 같다, 유사하다, ~인 듯하다.
- 蘭 : 난초, 얼룩, 떠돌다.
- 斯 : 이(이것), 곧, 이에, 강조의 뜻.
- 馨 : 향기, 향내, 향기가(명성이) 멀리 퍼지다.

같을 여	소나무 송	갈 지	성할 성

(늘가운데) 소나무처럼 더욱 푸르고 무성하다.

解說

충효(忠孝)의 군자는 그 지조와 절개가 난초의 향기와도 같이 꽃답고, 성(盛)하기가 마치 늘 푸르고 무성한 소나무와 같다고 한 말이다.

字義

- 如 : 같다, 같게 하다, 따르다, 좇음.
- 松 : 소나무, 솔.
- 之 : 가다, 걸어가다, ~의, 그것, 이르다.
- 盛 : 성하다, 넘치다, 무성하다, 절정.

| 내 천 | 흐를 류 | 아니 불(부) | 쉴 식 |

(이 같이 덕행은 한때의 명예뿐 아니고) 냇물의 흐름과 같이 꾸준히 게을리 하지 않으니,

解說

　조그마한 시냇물도 쉬지 않고 흐르면 마침내는 큰 강이 되어 바다로 흘러가듯이 자기 몸과 마음가짐을 꾸준히 연마하면 성현(聖賢)의 영역에 도달할 수가 있다.

字義

- 川 : 내, 물 흐름, 물귀신, 들판, 벌판.
- 流 : 흐르다, 흘리다, 떠돌다, 귀양 보내다.
- 不 : (불) 아니다, 아니하다, 금지, 없다, 못하다.
　　　(부) 아닌가, 의문사(ㄷ, ㅈ 앞에서).
- 息 : 숨쉬다, 쉬다, 그치다, 살다, 자식.

川流不息　　川流不息

| 못 연 | 맑을 징 | 취할 취 | 비칠 영 |

(마치) 연못 물이 맑아서 속까지 비쳐 보이는 것과 같다.

解說

곧 자기 스스로 덕행을 쌓아 높이면, 연못의 물이 맑아서 모두를 비쳐 보이듯, 사물을 분명하게 볼 수 있음을 말한다.

字義

- 淵 : 못(연못), 깊다, 조용하다.
- 澄 : 맑다, 맑음, 맑게 하다.
- 取 : 취하다, 가지다, 당하다, 빼앗다.
- 映 : 비치다, 비추다, 빛나다, 햇빛.

| 얼굴 용 | 그칠 지 | 같을 약 | 생각 사 |

행동거지를 단정히 하여 과실이 없도록 생각하고,

解說

「효경」에, '동작(動作)을 볼 만하게 하고, 진퇴를 법도에 맞게 해야 한다'고 했다. 덕(德)을 이루는 선비가 되려면 그 행동거지에 언제나 과실이 없도록 노력하고, 조금도 경솔한 일이 없게 하여 마치 무슨 일을 생각하는 듯이 신중해야 한다.

字義

- 容 : 얼굴, 모양, 모습, 몸가짐, 꾸미다.
- 止 : 그치다, 머무르다, 그만두다.
- 若 : 같다, 너, 또는, 혹시, 이러한, 어조사.
- 思 : 생각하다, 바라다, 원함, 사모하다.

말씀 **언**	말씀 **사**	편안할 **안**	정할 **정**

말하는 것도 침착하고 안정하게 하여 (항상) 삼가해야 한다.

解說

또한 말을 함부로 아무렇게나 하지 말고 한마디 한 마디를 삼가해야 한다. 「곡례(曲禮)」에, '공경스럽지 않은 일이 없으니 엄연히 생각하고, 말을 안정되게 해야만 백성을 편안히 다스릴 수가 있다' 하였다.

字義

- 言 : 말씀, 말, 언어, 말하다, 설명하다.
- 辭 : 말씀, 언어, 어구, 알리다.
- 安 : 편안하다, 편안하게 하다, 즐기다.
- 定 : 정하다, 바로잡다, 정해지다, 반드시.

도타울 **독**	처음 **초**	정성 **성**	아름다울 **미**

처음을 돈독하게 함은 참으로 아름다우며,

解說

「시경(詩經)」에, '시작이 없는 것은 아니지만 결말이 있기는 어렵다'고 했고, 또 「서경(書經)」에, '결말을 삼가하기를 시작할 때처럼 하라'고 했다.

字義

- 篤 : 도탑다, 미쁘다, 신실함, 오로지.
- 初 : 처음, 시작, 첫, 비로소, 처음으로.
- 誠 : 정성, 진심, 참된 마음, 삼가다.
- 美 : 아름답다, 맛나다, 기리다, 경사스럽다.

| 삼갈 **신** | 마칠 **종** | 마땅할 **의** | 하여금 **령** |

결말을 온전하게 신중히 마무리짓는 것이 마땅하다.

解說

덕이 있는 선비는 정성되이 결말을 맺도록 삼가해서 처음과 끝, 시종(始終)을 온전히 한다. 공휴일궤(功虧一簣)라는 말이 있다. '아홉 길 산을 만드는데, 그 공이 한 삼태기의 흙을 게을리 하여 무너지다'라는 말이다.

字義

- 愼 : 삼가다, 조심하다, 참으로.
- 終 : 끝나다, 다하다, 그치다, 마치다.
- 宜 : 마땅하다, 화목하다, 옳음, ~할 만하다.
- 令 : 명령, 법령, 규칙, 하여금.

| 영화 **영** | 일 **업** | 바 **소** | 터 **기** |

영화로운 사업의 기초(터)가 되는 바이니,

解說

　영화로운 사업은 우연히 얻어지는 것이 아니라 반드시 그에 이르게 되는 바탕이 있는 법이다. 곧 언행을 삼가고 지성으로 일관하여 착하고 아름답게 된 후에라야 비로소 고귀하고 중요한 직임(職任)을 얻을 수 있다.

字義

- 榮 : 영화, 영화롭다, 꽃, 번영하다, 명예.
- 業 : 업, 일, 사업, 직업, 기초, 시작하다.
- 所 : 바, 것, 곳, 장소, 경우.
- 基 : 터, 토대, 기초, 비롯하다, 도모하다.

| 깔 자 | 심할 심 | 없을 무 | 마칠 경 |

명성(名聲)이 자자해서 (세상에 널리 퍼져) 끝이 없어야 한다.

解說

또, 그러한 사람만이 후세에까지 명성이 자자하게 된다는 것이다. 곧 성덕(聖德)의 군자는 영화로운 관직이 스스로 그 몸에 오게 된다.

字義

- 藉 : (자) 깔다, 자자하다, 성하다, 떠들썩하다.
  (적) 문서, 서적, 장부, 구실.
- 甚 : 심하다, 더욱, 매우, 무엇.
- 無 : 없다, 아니다, 허무의 도, 무엇.
- 竟 : 마치다, 끝남, 마침내, 지경.

배울 학	넉넉할 우	오를 등	벼슬 사

학덕이(배움)이 넉넉한 사람은 벼슬에 오르고,

解說

덕행(德行)을 닦고 학문을 계속해서 꾸준히 쌓으면 높은 벼슬길에 오른다는 말이다. 「논어」에 '자하(子夏)가 말하기를, 배워서 실력이 우수하면 벼슬할 수가 있다'고 했다.

字義

- 學 : 배우다, 학문, 학생, 학교.
- 優 : 넉넉하다, 후하다, 도탑다, 뛰어나다.
- 登 : 오르다, 올리다, 기재하다, 밟다.
- 仕 : 벼슬, 벼슬살이, 섬기다, 살피다.

| 잡을 섭 | 일 직 | 좇을 종 | 정사 정 |

직무(職務)를 맡아 한 나라의 정사(政事)에 참여한다.

解說

학문이 높은 사람이 벼슬길에 올라 직무를 맡아 다스리고, 나아가서는 국정(國政)까지 맡아서 슬기롭게 선정(善政)을 베풀어야 한다.

字義

- 攝 : 잡다, 당기다, 겸하다, 쥐다.
- 職 : 일, 벼슬, 구실, 직분, 직업, 맡다.
- 從 : 좇다, 쫓아가다, 따르다, 시중들다.
- 政 : 정사, 바르게 하다, 바로잡다, 구실.

攝職從政　　攝職從政

있을 존	써 이	달 감	아가위 당

감당(甘棠)나무를 그대로 두어,

解說

주나라 성왕 때, 소공석(召公奭)은 남쪽 지방을 순행할 때 백성들의 민폐를 염려하여 그 고을에 들어가지 않고 감당(甘棠)나무 밑에서 노숙하며 정무를 살피고 돌아가자, 그 고을 백성들이 그의 덕을 사모하여 감당나무를 소중히 보존하였다.

字義

- 存 : 있다, 생존하다, 보존하다, 문안하다.
- 以 : 써(~로써, ~에 의하여). 이(是).
- 甘 : 달다, 맛 좋다, 즐기다, 달게 여기다.
- 棠 : 팥배나무, 아가위(산사나무의 열매).

| 갈 거 | 말이을 이 | 더할 익 | 읊을 영 |

그가 간 뒤에도 그 시(詩)를 읊었다.

解說

그리고 선정을 베푼 소공(召公)에게 공경하고 흠모하는 진심을 감당편(甘棠篇)에 나타내어 노래를 불러 그의 덕을 잊지 않았다.

字義

- 去 : 가다, 떠나다, 떨어지다, 지나다.
- 而 : 말 잇다, 너, ~와 같다, 그러하다.
- 益 : 더하다, 보태다, 이익, 유익하다.
- 詠 : 읊다, 노래하다, 시가를 읊다.

풍류 악	다를 수	귀할 귀	천할 천

풍류는 사람의 귀천에 따라 정도를 달리했고,

解說

옛 중국의 제왕(帝王)들이 음악을 제작하고 예법을 제정하였는데, 그것은 백성들의 덕성(德性)을 함양시켜 귀천(貴賤)과 존비(尊卑)의 질서를 바르게 하기 위함이었다.

字義

- 樂 : (악) 풍류, 음악, 연주하다.
  (락) 즐기다, 즐겁다, 편안하다. (요) 좋아하다.
- 殊 : 다르다, 죽이다, 뛰어나다, 베다.
- 貴 : 귀하다, 비싸다, 소중하다, 중요함.
- 賤 : 천하다, 값이 싸다, 신분이 낮다.

樂殊貴賤　　樂殊貴賤

| 예도 례 | 다를 별 | 높을 존 | 낮을 비 |

예도는 높고 낮은 것을 구별하도록 했다.

解說

예법을 정하고 지켜나감으로써 질서는 유지되고 상하·귀천·존비의 분별도 명확히 서게 된다. 특히 관(冠)·혼(婚)·상(喪)·제(祭)는 네 가지 큰 예법으로써 옛부터 가장 소중히 여겨왔다.

字義

- 禮 : 예도, 예절, 인사, 예물, 예식.
- 別 : 다르다, 나누다, 분별하다, 구분.
- 尊 : 높다, 높이다, 우러러보다, 공경하다.
- 卑 : 낮다, 천하다, 비루하다, 쇠하다.

| 위 상 | 화할 화 | 아래 하 | 화목할 목 |

윗사람이 온화해야 아랫사람도 화목하고,

解說

인륜(人倫)에는 지위·신분 등의 높고 낮음이 있다. 위에 있는 높은 사람은 온화한 기색으로 아랫사람, 즉 낮은 자를 대해야 하며, 낮은 사람은 높은 사람을 화목하면서도 공경하는 마음으로 대해야 한다.

字義

- 上 : 위, 높다, 바깥, 임금, 오르다.
- 和 : 화하다, 순하다, 알맞다, 사이좋다.
- 下 : 아래, 밑, 낮다, 떨어지다, 내리다.
- 睦 : 화목하다, 공경하다, 친하다.

지아비 부	노래할 창	지어미 부	따를 수

남편이 부르면 아내는 거기에 순종해 따라야 한다.

解說

또, 남편이 무슨 일을 제의하면 아내는 남편을 돕되 절대로 남편의 앞에 나서지 않는다. 부부는 서로 예의를 지켜 존중할 줄 알아야 한다.

字義

- 夫 : 지아비, 사내, 남편, 선생.
- 唱 : 노래, 노래 부르다, 인도하다.
- 婦 : 지어미, 며느리, 아내, 시집간 여자.
- 隨 : 따르다, 거느리다, 따라서.

| 바깥 외 | 받을 수 | 스승 부 | 가르칠 훈 |

밖에 나가서는 스승의 가르침을 받으며,

解說

「상서(尙書)」에, '13세에 소학(小學)에 들어간다'고 했고, 「예기」 내측(內則)에는 '10세가 되면 밖으로 나가서 스승에게 배운다'고 했다.

字義

- **外** : 바깥, 겉, 타향, 외국, 외가.
- **受** : 받다, 받아들이다, 당하다, 입다.
- **傅** : 스승, 돌보다, 돕다, 붙다.
- **訓** : 가르치다, 훈계함, 인도하다.

入	奉	母	儀
들 입	받들 봉	어미 모	거동 의

집에 들어와서는 어머니의 행동을 본받는다.

解說

남자는 어렸을 때는 부모 슬하에서 지내지만 차차 자라면서 밖으로 나가 엄한 스승의 가르침을 받으며, 집에 들어와서는 어머니의 행동을 본받고 그 가르침을 지켜 나가야 한다.

字義

- 入 : 들다, 넣다, 받다, 드리다.
- 奉 : 받들다, 바치다, 기르다, 돕다.
- 母 : 어미, 근원, 어머니, 암컷.
- 儀 : 거동, 법도, 예식, 모형, 본받다.

여러 **제**	고모 **고**	맏 **백**	아저씨 **숙**

고모(姑母)와 백부(伯父)·숙부(叔父)는 모두 아버지의 형제 자매이며,

解說

　나로부터 한 집안을 이루는 것은 부모가 있고 아버지의 형제인 큰아버지(백부), 작은아버지(숙부), 그리고 고모와 같은 여러 친척들이 있다.

字義

- 諸 : (제) 여러, 모든, 모으다, 무릇.　(저) 김치, 장아찌.
- 姑 : 고모, 시어머니, 여자의 통칭.
- 伯 : 맏이(첫째), 우두머리, 큰아버지, 작위.
- 叔 : 아저씨, 숙부, 삼촌.

같을 유	아들 자	견줄 비	아이 아

조카는 형제의 자식이니 자기 친자식처럼 보살펴야 한다.

解說

 그 친척들로 인해 조카가 없을 수 없으니, 이들은 모두 부모의 몸에서 나누어진 혈육(血肉)인 것이다. 그러므로 부모의 영역을 넓혀 친척들을 가까이 보살펴야 한다.

字義

- 猶 : 같다, 비슷하다, 오히려, 말미암다.
- 子 : 아들, 자식, 종자, 씨.
- 比 : 견주다, 비교하다, 비례하다, 비율.
- 兒 : 아이, 유아, 사내아이, 아들.

| 구멍 공 | 품을 회 | 맏 형 | 아우 제 |

간절히 생각되는 것은 형과 아우의 사이이니(형제간이니),

解說

같은 부모의 몸 속에서 한 기운을 타고 태어난 형제간은 언제나 잊혀지지 않고 간절히 생각하게 되는 것이 인지상정이다.

字義

- 孔 : 구멍, 매우, 심히, 크다, 공자(孔子).
- 懷 : 품다, 품안, 가슴, 마음, 생각.
- 兄 : 맏이, 형, 벗의 높임말.
- 弟 : 아우, 제자, 순하다, 차례.

| 한가지 동 | 기운 기 | 이을 련 | 가지 지 |

동기(同氣 형제자매)란 원래 한 나무에서 나누어진 가지와 같기 때문이다.

解說

그것은 마치 한 그루의 나무에서 나뉘어 자란 가지와 같기 때문이다. 그러니 형제들은 서로 사랑하고 우애있게 지내야 한다.

字義

- 同 : 한가지, 같이 하다, 공유함, 함께.
- 氣 : 기운, 숨기, 호흡, 날씨, 품성.
- 連 : 잇다, 잇닿다, 연하다, 인척.
- 枝 : 가지, 팔다리, 갈라지다, 나누어지다.

| 사귈 교 | 벗 우 | 던질 투 | 나눌 분 |

벗의 사귐에는 분수에 따라 의기가 투합해야 하고,

解說

친구를 사귀는 데 있어서는 분수를 다 해서 서로 뜻이 통하도록 해야 한다. 투분(投分)은 정의를 다해서 서로 사귄다는 뜻이다.

字義

- 交 : 사귀다, 벗하다, 주고받다, 바꾸다.
- 友 : 벗, 친구, 우애.
- 投 : 던지다, 내버리다, 주다, 의지하다.
- 分 : 나누다, 나누어지다, 구별하다, 분수.

| 끊을 절 | 갈 마 | 경계할 잠 | 법 규 |

학문과 덕행을 갈고 닦아, 서로 장래를 경계하고 잘못을 바르게 잡아주어야 한다.

解說

절마(切磨)는 옥이나 돌 따위를 갈고 깎듯이 학문과 덕행을 닦는 것을 뜻한다. 친구를 사귀었으면 학문과 덕행을 연마하고, 서로 충고하고 바른 길로 이끌어야 한다.

字義

- 切 : (절) 끊다, 자름, 갈다, 정성스럽다.
  (제) 모두, 온통.
- 磨 : 갈다, 숫돌에 갈다. 닳다.
- 箴 : 경계하다, 경계의 글, 바늘, 침.
- 規 : 법, 법칙, 모범, 경계, 훈계.

| 어질 인 | 사랑 자 | 숨을 은 | 슬플 측 |

어질고 사랑하며 측은히 여기는 마음이,

解說

인(仁)은 두 이(二)와 사람인(人)이 합한 글자로, 두 사람이 서로 대했을 때 진심으로 친하게 여기는 것을 뜻한다. 자(慈)는 부드러운 마음씨, 어머니의 사랑 같은 것을 뜻한다.

字義

- 仁 : 어질다, 어진 이, 사람, 동정.
- 慈 : 사랑하다, 어머니, 인자, 자비롭다.
- 隱 : 숨다, 숨기다, 희미하다, 불쌍히 여기다.
- 惻 : 슬퍼하다, 비통함, 간절한 모양.

仁慈隱惻   仁慈隱惻

지을 **조**	버금 **차**	아닐 **불**	떠날 **리**

잠시 동안이나마 마음속에서 떠나서는 안된다.

解說

누구나 다 가지고 있는 어질고 사랑하는 마음, 남을 측은히 여기는 마음을 잠시 동안이라도 떠나서는 안되고, 마음속에 간직해 두어야 한다.

字義

- 造 : 짓다, 만듦, 세우다, 건립, 이루다.
- 次 : 버금, 잇다, 이어짐, 다음에, 차례.
- 弗 : 아니다, 어기다, 떨어버리다, 달러(dollar).
- 離 : 떠나다, 이별하다, 흩어지다.

절개 **절**	옳을 **의**	청렴할 **렴**	물러날 **퇴**

절개와 의리, 청렴함과 물러남은 군자의 신조이니,

解說

「논어」에, '군자는 밥 한 그릇 먹는 동안이라도 어진 마음을 어겨서는 안된다. 몸이 자빠지고 엎어지더라도 반드시 이 마음을 가져야 한다'고 하였다.

字義

- 節 : 절개, 규칙, 예절, 마디, 제도.
- 義 : 옳다, 바르다, 의리, 정의.
- 廉 : 청렴하다, 맑다, 검소하다, 염치.
- 退 : 물러나다, 후퇴함, 그만두다, 은퇴함.

| 넘어질 **전** | 자빠질 **패** | 아닐 **비** | 이지러질 **휴** |

넘어지고 자빠져도 이지러져서는 아니된다.

解說

　전패(顚沛)는 엎어지고 자빠지다는 뜻이다. 어떤 일이 있더라도 의(義)를 잊어서는 안되고, 아름다운 덕성(德性)은 마음속에서 떠나게 해서는 안된다.

字義

- 顚 : 넘어지다, 거꾸로 하다, 떨어지다.
- 沛 : 자빠지다, 비 쏟아지다, 늪.
- 匪 : 아니다, 악하다, 나누다, 도둑.
- 虧 : 이지러지다, 손상됨, 그치다, 꺾임.

성품 **성**	고요할 **정**	뜻 **정**	편안할 **일**

성품이 고요하면 마음이 편안하고,

解說

사전식 풀이로 성정(性情)은 성질과 심정, 타고난 본성을 나타낸다. 성품(性稟), 정(情)은 마음속에서 일어나는 작용으로서 사람에 따라 다르게 나타난다. 곧 희노애락(喜怒哀樂)과 애오욕(愛惡慾), 칠정(七情)을 말한다.

字義

- 性 : 성품, 천성, 본질, 생활, 모습.
- 靜 : 고요하다, 맑다, 온화하다, 바르다.
- 情 : 뜻, 욕심, 심기, 본성, 인정.
- 逸 : 편안하다, 숨다, 달아나다, 잃다.

마음 **심**	움직일 **동**	정신 **신**	피곤할 **피**

마음이 움직이면 정신이 피곤해진다.

解說

사람의 본성이 마음속에 안정되어 조용할 때는 반드시 바르고 편할 것이다. 그리고 마음이 외적인 것에 의해 움직일 때는 마음의 주체가 되는 정신까지도 피로해진다.

字義

- 心 : 마음, 생각, 가슴, 가운데, 중심, 근본.
- 動 : 움직이다, 일하다, 놀라다, 변하다.
- 神 : 정신, 마음, 귀신, 하늘의 신.
- 疲 : 피곤하다, 고달픔, 지치다, 앓다.

守	眞	志	滿
지킬 수	참 진	뜻 지	찰 만

참된 도리를 지키면 뜻이 가득 차고,

解說

「후한서」에, '가난한 것을 편안히 여기고 고요한 것을 즐겨했다. 올바른 도를 맛보고 참마음을 지켰다. 이리하여 조(燥)한 것이나 습(濕)한 것에 따라서 가벼워지거나 무거워지지 않고, 궁(窮)하고 달(達)한 것에 따라서 절개를 바꾸지 않았다.' 고 했다.

字義

- 守 : 지키다, 막다, 보살피다, 임무.
- 眞 : 참, 진짜, 순수하다, 바르다, 본질.
- 志 : 뜻, 의향, 본심, 감정, 뜻하다.
- 滿 : 차다, 넉넉하다, 교만하다.

逐	物	意	移
쫓을 축	만물 물	뜻 의	옮길 이

물욕(物慾)을 쫓아 이리저리 움직이면 의지도 자리를 잡을 수 없다.

解說

참마음을 지켜서 조금도 잃지 않으면 그 사람의 뜻은 가득차 있어 만족하고 여유가 있을 것이다. 그러나 여러 가지 욕심에 마음이 움직여서 물욕을 쫓으면 일정한 정착지가 없게 된다.

字義

- 逐 : 쫓다, 물리치다, 다투다, 쫓기다.
- 物 : 만물, 일, 물건, 사물, 재물.
- 意 : 뜻, 생각, 의미, 의의.
- 移 : 옮기다, 보내다, 전하다.

| 굳을 견 | 가질 지 | 바를 아 | 지조 조 |

올바른 지조를 굳게 지켜 가지면,

解說

바른 절개를 가진 덕이 있는 사람은, 사람들이 그를 존경하고 임금도 그를 믿게 되어 언젠가는 좋은 벼슬자리를 가지고 그 사람을 청하게 된다.

字義

- 堅 : 굳다, 단단함, 강하다, 굳셈.
- 持 : 가지다, 지니다, 보존하다, 지키다.
- 雅 : 바르다, 좋다, 우아하다, 고상함.
- 操 : 지조, 절개, 잡다, 부리다.

| 좋을 호 | 벼슬 작 | 스스로 자 | 얽어맬 미 |

좋은 벼슬이 스스로 얽혀 들어온다.

解說

올바른 지조가 있어야만 높은 지위도 스스로 잡혀서 굴러든다. 이 진리를 항상 명심하여 몸을 닦아야 하는 것이다. 곧 몸이 닦아져야만 도(道)를 천하에 행할 수 있다.

字義

- 好 : 좋다, 아름답다, 우의, 교분.
- 爵 : 벼슬, 작위, 잔, 참새.
- 自 : 스스로, 몸소, 자기, 저절로.
- 縻 : 얽어매다, 고삐 묶다, 밧줄.

| 도읍 도 | 고을 읍 | 빛날 화 | 여름 하 |

도읍을 화하(華夏)에 정하니,

解說

예부터 중국은 세계의 대국임을 뽐내기 위해 중국(中國)·중화(中華)·화하(華夏)라고 불렀다. 도읍이란, '구부(九夫)가 한 정(井)이 되고, 4정이 한 읍(邑)이 되고, 4읍이 한 구(丘)가 되고, 4구가 한 전(甸)이 되고, 4전이 한 현(縣)이 되고, 4현이 한 도(都)가 된다고 하였다.

字義

- 都 : 도읍, 서울, 도회지, 모두.
- 邑 : 고을, 마을, 영지, 행정 구역의 단위.
- 華 : 빛나다, 꽃, 빛, 아름답다.
- 夏 : 여름, 중국, 나라 이름, 크다.

| 동녘 **동** | 서녘 **서** | 두 **이** | 서울 **경** |

(시대에 따라) 동경(東京)과 서경(西京)의 둘로 나뉘게 되었다.

解說

동쪽에는 주(周)나라 성왕이 도읍을 정해서 동도(東都) 또는 성주(成周)라고 부르고, 그뒤 후한 때 낙양을 동경이라고 불렀다. 서쪽의 장안에는 전한(前漢) 때 고조(高祖)가 도읍을 정하고 서경이라고 불렀다.

字義

- 東 : 동녘, 동쪽, 동쪽으로 가다.
- 西 : 서녘, 서쪽, 깃들다, 서양.
- 二 : 두, 둘, 둘째, 두 번, 거듭.
- 京 : 서울, 언덕, 수도(首都).

| 등 배 | 북망산 망 | 낯 면 | 낙수 락 |

[동경(東京, 낙양)은] 북망산을 등지고 낙수(洛水)를 바라보고 있으며,

解說

동경은 낙양(洛陽)을 일컫는다. 이 낙양은 북망산을 등지고 낙수를 바라보고 있다. 북망산은 옛서부터 제왕·귀인·명사들의 무덤이 많아, '무덤이 많은 곳, 또는 사람이 죽어서 묻히는 곳'을 일컫는다.

字義

- 背 : 등, 뒤, 등지다, 어기다, 배반하다.
- 邙 : 북망산(北邙山, 사람이 죽어서 간다는 곳).
  낙양(洛陽) 북쪽에 있는 산.
- 面 : 낯, 얼굴, 앞, 겉, 뵈다, 행정 구역.
- 洛 : 물(강) 이름, 황하(黃河)의 지류(支流).

| 뜰 부 | 위수 위 | 의지할 거 | 경수 경 |

[서경(西京, 장안)은] 위수(渭水) 가에 있으며, 경수(涇水)를 둘러 의지하고 있다.

解說

서경은 장안(長安)을 일컫는다. 위수가 흐르는 물가에 자리잡고, 경수에 의지해 있다. 「동경부(東京賦)」에, '낙수를 거슬리고 황하를 등지고 있다'고 하였다.

字義

- 浮 : 뜨다, 띄우다, 떠다니다, 덧없다.
- 渭 : 위수(섬서성을 거쳐 황해를 흘러들어가는 강), 물 이름.
- 據 : 의지하다, 의거하다, 웅거하다.
- 涇 : 물(강) 이름, 경수(감숙성 화평현과 고원현 두 군데서 발원하여 합류한 후, 섬서성에 이르러 위수로 흘러들어가는 강).

| 집 궁 | 대궐 전 | 서릴 반 | 울창할 울 |

궁(宮)과 전(殿)은 (크고) 울창하게 서리었고,

解說

천자가 거처하는 곳을 통틀어 궁이라 하고, 궁 안에 부속된 집 중에 높고 큰 것을 전이라 하였다. 안사고(顏師古)는 '옛날에는 집 중에 높고 큰 것은 모두 전이라 했고, 반드시 궁중 건물에만 한한 것이 아니었다' 고 말했다.

字義

- 宮 : 집, 궁궐, 종묘, 후궁, 궁형.
- 殿 : 대궐, 전각, 절.
- 盤 : 서리다, 넓고 큰 모양, 소반, 받침.
- 鬱 : 울창하다, 빽빽하다, 우거지다.

| 다락 루 | 볼 관 | 날 비 | 놀랄 경 |

(높은) 누각은 하늘을 나는 듯하여 놀랍다.

解說

동경과 서경의 천자가 거처하는 궁전은 빈틈없이 세워져 있고, 누각들은 하늘높이 솟아 마치 새가 날개를 펴고 날아가는 모습과도 같아 사람들을 놀라게 했다.

字義

- 樓 : 다락, 다락집, 망루, 겹치다.
- 觀 : 보다, 누각, 망루, 경치.
- 飛 : 날다, 날리다, 높다, 빠르다.
- 驚 : 놀라다, 경기, 경풍.

그림 도	베낄 사	날짐승 금	짐승 수

(궁전 누각 안에는) 새와 짐승을 그린 그림이 있고,

解說

도(圖)는 마음속으로 계획을 세우고 그 계획대로 그림을 나타내는 것이고, 화(畫)는 붓으로 여러 가지 채색을 넣어 물건의 모양을 그린 것을 말한다.

字義

- 圖 : 그림, 그리다, 꾀하다, 다스리다.
- 寫 : 베끼다, 그리다, 본뜨다, 부리다.
- 禽 : 날짐승, 짐승, 새, 사로잡다, 포로.
- 獸 : 짐승, 길짐승, 포(말린 고기).

| 그림 화 | 채색 채 | 신선 선 | 신령 령 |

신선과 신령들의 모습도 채색하여 그렸다.

解說

천자가 거처하는 궁전 누각에는 나는 새, 달아나는 짐승과 또는 신선들의 신령스러운 모습들을 그림으로 그리고 채색까지 넣어서 아름답게 해놓은 것을 말한다.

字義

- 畵 : (화) 그림, 그리다, 채색.
    (획) 고르다, 획(劃), 가지런히 함.
- 綵 : 채색, 무늬, 비단.
- 仙 : 신선, 신선스럽다, 선교(仙敎).
- 靈 : 신령, 영혼, 혼백, 신통하다.

남녘 **병**	집 **사**	곁 **방**	열 **계**

(궁중 신하들이 쉬는) 병사(丙舍)의 문은 정전(正殿) 곁에 열려 있고,

解說

병사는 궁중 신하들이 쉬는 곳으로 정전 곁에 있다. 병사는 십 간(干)으로 따져서 갑(甲)·을(乙)·병(丙)의 순서로 지어져 있다.

字義

- 丙 : 남녘, 셋째 천간, 불(火), 강하다.
- 舍 : 집, 거처, 관청, 곳집, 방.
- 傍 : 곁, 옆, 방(한자의 오른쪽 부수, 旁).
- 啓 : 열다, 인도하다, 일깨우다, 열리다.

| 갑옷 **갑** | 휘장 **장** | 대할 **대** | 기둥 **영** |

갑장(甲帳, 궁중에 있는 휘장)은 큰 기둥에 들려 있다.

解說

장(帳)은 대궐 안 상(牀) 위에 친 휘장을 가리킨다. 그리고 여기에 甲을 붙인 것은 차례를 매긴 것이다. 곧 진귀한 보배와 구슬로 장식한 아름다운 휘장을 쳐놓았다는 것이다.

字義

- 甲 : 갑옷, 첫째 천간, 껍질, 거북 등딱지.
- 帳 : 휘장, 장막, 천막, 장부.
- 對 : 대하다, 마주 보다, 대답하다, 상대.
- 楹 : 기둥, 둥글고 큰 기둥.

| 베풀 사 | 대자리 연 | 베풀 설 | 자리 석 |

큰 돗자리를 펴서 자리를 마련하고,

解說

땅에 깐 것을 연(筵), 그 위에 겹쳐 깐 것을 석(席)이라 한다. 궁전 안에 자리를 깔고 겹쳐서 돗자리를 깔아 잔치를 베푸는 것을 말한다.

字義

- 肆 : 베풀다, 펴다, 늘어놓다, 방자하다.
- 筵 : 대자리, 깔개의 총칭, 좌석.
- 設 : 베풀다, 늘어놓다, 진열함, 설치.
- 席 : 자리, 직위, 깔다, 앉음.

북 고	비파 슬	불 취	생황 생

비파를 타고 생황을 분다.

解說

슬(瑟)은 스물다섯 줄이 있는 악기로서 거문고와 같다. 생황(笙簧)은 피리의 일종으로 여와(女媧)가 만들었다는 악기. 잔치 자리를 정해 비파도 타고 생황도 불어 변화하게 음악을 베풀고 잔치한다는 말이다.

字義

- 鼓 : 북, 북을 치다, 두드리다, 악기를 타다.
- 瑟 : 비파, 큰 거문고, 금슬.
- 吹 : 불다, 충동하다, 부추기다, 관악기.
- 笙 : 생황, 악기 이름, 대자리.

| 오를 **승** | 섬돌 **계** | 들일 **납** | 대궐섬돌 **폐** |

섬돌(계단)을 오르고 천자의 뜰에 들어가니,

解說

천자 대궐의 섬돌은 층계가 있는 것을 계(階), 평평한 것을 폐(陛)로 나누어 썼다. 임금에게 신임받는 신하는 층계가 없는 폐로 들어갈 수 있다. 곧 신분의 높고 낮음에 따라 계 혹은 폐로 올라간다.

字義

- 陞 : 오르다, 올리다.
- 階 : 섬돌, 층계, 계단, 품계.
- 納 : 들이다, 받아들이다, 끌어들이다.
- 陛 : 섬돌, 높은 곳에 오르는 계단, 품급.

| 고깔 **변** | 구를 **전** | 의심할 **의** | 별 **성** |

(고관대작들의) 관(冠)에 장식한 보석 구르는 것이 별인 듯 의심스럽다.

解說

고관대작, 곧 제후·경·대부 등이 조정에 들어갈 때에 각각 예복을 입고 대궐로 올라간다. 이때 그들이 쓴 관에 달린 구슬이 움직이는 데 따라 번쩍번쩍 빛나 마치 하늘 위에 있는 별들이 움직이는 것처럼 보인다는 말이다.

字義

- 弁 : 고깔, 관(冠), 무관, 무신.
- 轉 : 구르다, 굴러, 옮기다, 돌리다.
- 疑 : 의심하다, 의심, 두려워하다.
- 星 : 별, 오성, 성수(星宿), 세월.

| 오른쪽 **우** | 통할 **통** | 넓을 **광** | 안 **내** |

오른쪽으로는 도서를 갖춘 광내전(廣內殿)에 통하고,

解說

광내전은 궁중의 책을 간수해 두는 곳이고, 승명려는 궁중의 숙직(宿直)을 하는 곳이다. 도읍의 규모와 궁전의 시설에 이어 궁중의 규모가 매우 광활함을 말한다.

字義

- 右 : 오른쪽, 숭상하다, 돕다.
- 通 : 통하다, 꿰뚫다, 이르다, 두루 미치다.
- 廣 : 넓다, 넓히다, 퍼지다, 너비.
- 內 : (내) 안, 속, 나라, 대궐, 아내. (납) 들이다.
  (나) 여관(女官).

| 왼쪽 좌 | 통달할 달 | 이을 승 | 밝을 명 |

왼쪽으로는 숙직하고 쉬는 승명려(承明廬)에 이른다.

解說

궁중은 몹시 광활하여 서쪽으로는 광내전에 통하고 동쪽으로는 승명려에까지 닿는다.

字義

- 左 : 왼쪽, 왼손, 아래, 하위.
- 達 : 통달하다, 통하다, 이르다, 다다름.
- 承 : 잇다, 받들다, 받아들임, 후계.
- 明 : 밝다, 밝히다, 맑다, 깨끗하다.

이미 기	모을 집	책이름 분	법 전

이미 삼분(三墳)과 오전(五典) 같은 고전의 책을 많이 모으고,

解說

분전(墳典)은 3분과 5전을 말하는데, '삼분은 삼황(三皇)의 업적을 실은 책이요, 오전은 오제(五帝)의 사적을 적은 책이다' 라고 했다. 삼황은 천황씨·지황씨·인황씨를 일컫고, 오제는 황제·전욱·제고·당요·우순을 일컫는다.

字義

- 旣 : 이미, 본디, 원래, 이윽고, 다하다.
- 集 : 모이다, 모으다, 이르다, 머무르다.
- 墳 : 삼황(三皇)의 사적(事蹟)을 기록한 옛 책, 봉분, 무덤.
- 典 : 법, 규정, 책, 의식, 가르침.

또 역	모을 취	무리 군	영재 영

또한, 학식과 재능에 출중한 영재(학자)들을 모았다.

解說

궁중에서는 상고 시대의 진귀한 서적인 3분과 5전을 모아 놓고 성현의 도리를 강(講)했을 뿐만 아니라 학식과 재능이 뛰어난 사람들을 불러모아서 정치를 했다.

字義

- 亦 : 또, 또한, 어찌.
- 聚 : 모으다, 모이다, 무리, 마을, 부락.
- 群 : 무리, 떼, 벗, 동료, 떼지다.
- 英 : 영재, 재주가 뛰어나다, 꽃부리.

| 막을 두 | 원고 고 | 쇠북 종 | 예서 례 |

글씨로는 두백도(杜伯度)의 초서(草書)와 종요(鍾繇)의 예서(隷書)가 있고,

解說

두(杜)는 후한 때 사람 두백도로서 초서를 잘 썼다. 두고는 두백도가 쓴 초서를 말하고, 종예는 위(魏)나라 사람 종요로서 그가 쓴 예서를 말한다.

字義

- 杜 : 막다, 끊다, 팥배나무, 닫다.
- 稿 : 원고, 초고, 초안, 볏짚, 화살대.
- 鍾 : 쇠북, 술잔, 악기의 한가지.
- 隷 : 예서, 종, 노복, 좇다.

| 옻 칠 | 글 서 | 바람벽 벽 | 경서 경 |

글로는 대나무 쪽에 옻칠로 쓴 과두문(蝌蚪文)과 공자(孔子)의 옛집 벽 속에서 나온 경서가 있다.

解說

칠서(漆書)는 먹과 붓이 없던 시절에 대나무 쪽에 옻으로 칠해서 쓴 글자를 말한다. 위는 굵고 아래가 가늘어 올챙이 같다고 하여 과두문자라고 한다. 그리고 공자 후손의 집 벽 속에서 경서(經書)를 얻었다.

字義

- 漆 : 옻, 옻칠하다, 검다.
- 書 : 글, 책, 문장, 기록, 편지, 글씨.
- 壁 : 바람벽, 벽, 진터.
- 經 : 경서, 법, 도리, 날, 날실.

| 관청 부 | 벌일 라 | 장수 장 | 정승 상 |

관부(官府)에는 장수와 정승들이 벌여 있고,

解說

부(府)는 공경(公卿)과 대부(大夫)들이 모여서 관무(官務)를 처리하는 곳이다. 「문선(文選)」에, '궁궐을 끼고 장수와 정승의 집이 늘어섰고, 길을 끼고 왕후의 집이 벌여 있다'고 했다.

字義

- 府 : 관청, 마을, 곳집, 고을.
- 羅 : 벌이다, 늘어서다, 그물, 비단.
- 將 : 장수, 장차, 거느리다.
- 相 : 재상, 정승, 서로, 바탕, 보다.

길 로	낄 협	삼공 괴	벼슬 경

길에는 삼공(三公)과 구경(九卿)의 집들을 끼고 있다.

解說

관부에는 문무(文武)의 어진 정승들이 벌여 있고, 또한 궁성(宮城) 안에는 공·경·대부의 집들이 길을 끼고 많이 서 있다는 말이다. 경(卿)은 정치를 다스리는 대신을 말하는데, 주나라 때는 6경을 두고 한나라 때 9경으로 바꾸었다.

字義

- 路 : 길, 연줄, 방도, 방법.
- 挾 : 끼다, 가지다, 끼우다, 끼워 넣음.
- 槐 : 삼공(三公)의 자리, 홰나무.
- 卿 : 벼슬, 경, 귀족, 호칭.

| 지게 호 | 봉할 봉 | 여덟 팔 | 고을 현 |

(귀족이나 공신에게는) 민가 여덟 현을 봉해주고,

解說

봉(封)은 땅을 주어서 그곳을 지배하는 것을 말하고, 현(縣)은 군(郡) 안에 있는 땅 중에서 나누어진 구획이다. 주나라 때까지는 현이 크고 군이 작았으나 전국시대 이후로 군이 크고 현을 작게 구분하였다.

字義

- 戶 : 지게, 지게문, 외짝문, 집, 주민.
- 封 : 봉하다, 봉작하다, 봉지, 흙을 쌓아올리다.
- 八 : 여덟, 여덟째, 나누다.
- 縣 : 고을, 달다, 잡아 맴.

| 집 가 | 줄 급 | 일천 천 | 군사 병 |

그들의 집에는 천 명의 군사를 주었다.

解說

귀족이나 공신에게는 여덟 현의 민가에서 나오는 조세를 수입으로 삼도록 하고, 많은 병졸을 주어서 그들의 사사로운 부림이나 명령을 받도록 했다.

字義

- 家 : 집, 가정, 가족, 전문가.
- 給 : 주다, 넉넉하다, 더하다, 공급함.
- 千 : 일천, 천 번, 많다.
- 兵 : 군사, 병사, 병졸, 병기, 전쟁.

| 높은 고 | 갓 관 | 모실 배 | 수레 련 |

높은 관(冠)을 쓰고 임금의 수레를 모시니,

解說

연(輦)은 두 사람(夫)이 앞에 서서 수레를 끈다는 뜻이다. 곧 손수레로서 사람의 손으로 끌기 때문에 천자의 수레를 말한다.

字義

- 高 : 높다, 위, 고상하다, 높이다.
- 冠 : 갓, 관, 볏, 관례, 성년.
- 陪 : 모시다, 돕다, 가신(家臣), 따르다.
- 輦 : 임금이 타는 수레, 손수레.

| 몰 구 | 바퀴통 곡 | 떨칠 진 | 갓끈 영 |

수레를 몰 때마다 관끈도 흔들린다.

解說

진(振)은 수레를 몰 때 관의 끈이 늦추어져서 흔들리는 것을 말한다. 대신(大臣)들이 높은 관을 쓰고서 천자의 수레를 모시고 갈 때 관에 매달린 끈의 흔들리는 모습이 화려함을 말한다.

字義

- 驅 : 몰다, 빨리 달리다, 쫓다.
- 轂 : 바퀴통, 수레, 밀다.
- 振 : 떨치다, 떨쳐 일어나다, 움직이다.
- 纓 : 갓끈, 장식 끈, 술.

인간 세	녹봉 록	사치할 치	부자 부

대대로 주는 녹봉은 사치스러울 만큼 많으며,

解說

세록(世祿)은 대대로 계속해서 임금의 봉급을 받는 것이다. 대대로 봉록(俸祿)을 받는 고관대작들은 영화스러운 세월을 보내고 사치스럽게 지낸다.

字義

- 世 : 인간, 세상, 대대, 세대, 평생.
- 祿 : 녹(급료), 복(행복). 상품.
- 侈 : 사치하다, 사치, 크다, 많다.
- 富 : 부자, 가멸(재산이 많다), 넉넉하다.

수레 **거**	수레 **가**	살찔 **비**	가벼울 **경**

말은 살찌고 수레는 가볍다.

解說

　또한 이런 사람들은 수레를 타게 마련인데, 수레를 끄는 말은 살쪄 있고 그들이 입은 갓옷은 몹시 가벼워 보인다.

字義

- 車 : (거, 차) 수레, 수레바퀴, 도르래.
- 駕 : 수레, 임금 수레, 탈 것, 멍에.
- 肥 : 살찌다, 거름, 땅을 걸게 함, 살찐 말.
- 輕 : 가볍다, 적다, 모자라다, 경솔하다.

| 꾀 책 | 공 공 | 무성할 무 | 열매 실 |

큰 공 세우기를 도모하여 공훈이 무성하고 충실하니,

解說

훌륭한 선비가 나라에 큰 공을 세웠을 때는 가상히 여겨 비(碑)를 세워 그 사적을 새기고 글을 지어 찬미한다. 또 이 글을 금석(金石)에 새겨서 후세에 전한다고 말한다.

字義

- 策 : 꾀, 꾀함, 채찍, 문서, 세우다.
- 功 : 공, 공로, 공훈, 일, 명예.
- 茂 : 무성하다, 우거지다, 가멸다, 왕성하다.
- 實 : 열매, 결실하다, 실하다, 충실.

굴레 **륵**	비석 **비**	새길 **각**	새길 **명**

공적을 비석에 기록하고 글을 지어 돌에 새긴다.

解說

명(銘)은 원래 공신(功臣)의 이름을 기록해서 그 공적을 나타내는 일을 뜻하였으나, 후에 그것이 변하여 사람의 훈공(勳功)이나 경계할 일들을 글로 지어 금석에 기록하는 것을 말한다.

字義

- 勒 : 굴레, 재갈, 새기다, 조각하다.
- 碑 : 비석, 돌기둥, 길이 전하다.
- 刻 : 새기다, 새김, 깎다.
- 銘 : 새기다, 기록하다, 금석에 새긴 글자.

돌 **반**	시내 **계**	저 **이**	다스릴 **윤**

반계(시내 이름)와 이윤(은나라 정승)
(주나라 문왕은 반계에서 강태공을 얻고 은의 탕왕은 신야에서 밭가는 이윤을 맞으니),

解說

태공망(太公望) 여상(呂尙)은 주나라 무왕(武王)을 돕고 제후(齊侯)에 봉해졌다. 반계는 강태공이 낚시하던 곳이다. 태공망은 태공이 오랫동안 기다리고 기다린 사람이란 뜻으로, 여상을 가리키는 말이다.

字義

- 磻 : 물 이름(반계), 돌, 돌살촉(파).
- 溪 : 시내, 산골짜기, 텅비다.
- 伊 : 저, 저 사람, 이(이것).
- 尹 : 다스리다, 바르다, 바로잡다.

| 도울 **좌** | 때 **시** | 언덕 **아** | 저울 **형** |

그들은 때를 도와 나라를 구하고 이윤은 아형의 칭호를 얻었다.

解說

좌시(佐時)는 시세(時世)의 급한 것을 구제한다는 말이다. 이윤(伊尹)은 은(殷)나라 탕왕(湯王)과 태갑(太甲)의 정승이 되어 천하를 평정했다하여 아형(阿衡)이라는 관명을 얻었다.

字義

- 佐 : 돕다, 도움, 보필하는 일, 또는 그 사람.
- 時 : 때, 시간, 때때로, 철.
- 阿 : 언덕, 구릉, 구석, 호칭.
- 衡 : (형) 저울, 저울대, 달다, 난간. (횡) 가로 (橫과 同字).

| 가릴 엄 | 집 택 | 굽을 곡 | 언덕 부 |

노나라 도읍지 곡부에 큰 집을 정해 주었으니,

解說

곡부(曲阜)는 성왕이 주공(周公)에게 준 노나라의 도읍이다. 주공은 문왕의 아들이자 무왕의 동생으로 무왕을 도와 은나라를 멸망시켰으며, 무왕이 죽자 성왕을 도와 주(周) 왕실의 기초를 다졌다.

字義

- 奄 : 가리다, 덮음, 크다, 오래다.
- 宅 : (택) 집, 대지(垈地), 거주하다, 정하다.
  (댁) 댁(남의 집·가정·부인의 경칭).
- 曲 : 굽다, 휨, 굽히다, 가락, 곡조.
- 阜 : 언덕, 크다, 살찌다, 성하다.

작을 **미**	아침 **단**	누구 **숙**	경영할 **영**

주공(周公) 단이 아니면 누가 이 일을 경영 했으랴.

解說

 영(營)은 집을 짓는 데 여러 가지로 마음을 쓰듯이, 부지런히 계획을 세우고 일한다는 뜻이다.
 「예기(禮記)」에, '성왕은 주공이 천하를 위해 일한 공로가 있다하여 그를 곡부에 봉해 주니, 지방이 7백 리요, 수레가 천 승이었다.'고 했다.

字義

- 微 : 작다, 적다, 숨기다, 몰래.
- 旦 : 아침, 일찍, 날 밝다, 주공의 이름.
- 孰 : 누구, 어느, 무엇.
- 營 : 경영하다, 경영, 짓다.

굳셀 **환**	공변될 **공**	바를 **광**	모을 **합**

제나라 환공은 천하를 바로잡아 제후(諸侯)들을 모으고,

解說

환공(桓公)은 제나라에서 패업(覇業)을 일으키고 스스로 맹주(盟主)가 되어 아홉 번이나 제후들을 회합시키고 자기들의 맹약(盟約)을 지키도록 했다.

字義

- 桓 : 굳세다, 머뭇거리다, 모감주나무.
- 公 : 공변되다, 공공(公共), 관청, 벼슬 이름.
- 匡 : 바르다, 바로잡다, 구원하다.
- 合 : (합) 합하다, 들어맞다, 모이다. (홉) 홉(용량의 단위).

구제할 **제**	약할 **약**	붙들 **부**	기울 **경**

약한 자를 구제하고 기우는 나라를 붙들어 일으켰다.

解說

또한, 약한 제후를 구제하여 어지러운 천하를 바로잡고 쇠퇴해 가는 나라를 붙들어 왕실을 높이고 천자에게 배반하는 자가 없도록 했다.

字義

- 濟 : 구제하다, 건너다, 돕다, 이루다.
- 弱 : 약하다, 약한 자, 쇠약하다.
- 扶 : 붙들다, 부축하다, 돕다.
- 傾 : 기울다, 기울이다, 위태롭게 하다.

| 비단 기 | 돌아올 회 | 한수 한 | 은혜 혜 |

기리계(綺里季)는 한나라 혜제(惠帝)의 태자 자리를 회복시키고,

解說

기리계는 진(秦)나라 때 상산(商山)으로 피난 가 있던 현자(賢者)이다. 혜제는 한나라 고조(高祖) 때 여후(呂后)의 몸에서 난 아들로 태자에 올랐다가 폐했었다.

※ 한나라 4현인인 상산 4호는 기리계, 동원공, 화황공, 녹리 선생을 일컫는다.

字義

- 綺 : 비단, 무늬가 있는 비단, 광택.
- 回 : 돌다, 돌아오다, 소용돌이 치다.
- 漢 : 한수(漢水), 한나라, 은하수.
- 惠 : 은혜, 혜택, 착하다, 인자하다.

綺回漢惠　　綺回漢惠

| 기쁠 열 | 느낄 감 | 호반 무 | 장정 정 |

부열(傅說)은 무정(武丁) 임금의 꿈에 나타나 그를 감동시켜(재상이 되었다).

解說

부열은 은나라의 현인이었다. 무정은 은나라의 천자 고종(高宗)으로, 어느날 천제(天帝)가 어진 신하를 주는 꿈을 꾸었다. 그는 꿈속에 본 사람의 인상을 그려서 온 천하에 두루 찾게 하였더니 들에서 일하는 인부였다. 고종은 그를 불러서 재상으로 삼아 천하를 잘 다스렸다.

字義

- 說 : (열) 기쁘다. (설) 말씀. (세) 달래다. (탈) 벗다.
- 感 : 느끼다, 깨닫다, 생각하다.
- 武 : 호반(虎班), 굳세다, 군인, 병기.
- 丁 : 장정, 일꾼, 넷째 천간, 소리의 형용.

준걸 준	어질 예	빽빽할 밀	말 물

재주와 덕이 많은 이들이 조정에 모여 힘써 일하고,

解說

준(俊)은 천 사람 중에 뛰어난 사람을, 예(乂)는 백 사람 중에 뛰어난 사람을 말한다. 그리고 밀물(密勿)은 일에 힘써 종사하는 것을 뜻한다.

字義

- 俊 : 준걸, 준수하다, 뛰어남.
- 乂 : 어질다, 어진 이, 풀 베다, 평온하다.
- 密 : 빽빽하다, 자세하다, 은밀하다.
- 勿 : 말다(금지하다), 기(旗).

多	士	寔	寧
많을 다	선비 사	이 식	편안할 녕

많은 선비가 모이니 천하가 편안하다.

解說

앞에 열거한 이윤·주공·부열 등은 모두 준예의 명사들로서 나라를 위해 힘써 일한 사람들이다. 그들로 인해 나라가 잘 다스려지고 임금이 편안히 지냈다.

字義

- 多 : 많다, 많아지다, 후하다, 낫다.
- 士 : 선비, 사내, 병사, 일.
- 寔 : 이(是), 진실로, 참으로.
- 寧 : 편안하다, 문안하다, 차라리.

| 진나라 **진** | 초나라 **초** | 다시 **갱** | 으뜸 **패** |

진나라와 초나라는 다시 패권을 잡았으나,

解說

　제환공(齊桓公)의 뒤를 이어 진문공(晉文公)과 초장왕(楚莊王)이 번갈아가며 패자(覇者)로 등장하였다. 소진(蘇秦)은 합종책(合從策)으로 제·초·연·조·한·위, 여섯 나라가 동맹하여 진나라와 싸우게 했다.

字義

- 晉 : 진나라, 나아가다, 억누르다.
- 楚 : 초나라, 가시나무, 회초리, 아프다.
- 更 : (갱) 다시, 재차, 또. (경) 고치다, 바꾸다, 번갈다.
- 覇 : 으뜸, 우두머리.

| 조나라 조 | 위나라 위 | 곤할 곤 | 가로 횡 |

조나라와 위나라는 연횡책으로 곤란을 겪었다.

解說

진(秦)나라를 섬기라는 장의(張儀)의 연횡책으로 인해 조나라와 위나라는 진나라에 제일 가까워 어느 나라보다도 곤란을 겪었다.

字義

- 趙 : 조나라, 찌르다, 미치다.
- 魏 : 위나라, 높다, 빼어나다.
- 困 : 곤하다, 괴로움, 난처하다, 곤궁하다.
- 橫 : 가로, 동서, 옆, 연횡(連衡).

| 거짓 가 | 길 도 | 멸할 멸 | 나라이름 괵 |

길을 빌려 괵나라를 멸했고,

解說

진나라 헌공(獻公)이 괵이라는 나라를 치고자 할 때, 순식(荀息)의 계책으로 우(虞)나라 길을 빌려 괵나라를 멸한 다음 회군하면서 우나라까지 멸망시켰다. 이때 우나라에는 궁지기(宮之奇)라는 책사가 있어 길을 빌려주지 말라고 간했지만 임금은 많은 뇌물을 받고 길을 빌려주었다.

字義

- 假 : 거짓, 일시적, 빌리다, 가령.
- 途 : 길, 도로.
- 滅 : 멸하다, 멸망하다, 다하다.
- 虢 : 괵나라, 발톱자국, 할퀸 자국.

밟을 **천**	흙 **토**	모을 **회**	맹세 **맹**

천토에서 제후들을 모아 (주나라 천자를 섬기도록) 맹세하게 했다.

解說

천토(踐土)는 땅 이름. 진문공(晉文公)은 초(楚)나라를 이겨 패자가 되어 모든 제후를 천토에 회합시켜 주나라의 천자를 섬기도록 맹세케 하였다.

※ 회맹(會盟)은 제후들이 전쟁터가 아닌 곳에서 서로 모여 생혈(牲血)을 뿌려 군사상의 일을 약속하는 맹세를 말한다.

字義

- 踐 : 밟다, 발로 누름, 따르다.
- 土 : 흙, 토양, 땅, 나라, 살다.
- 會 : 모으다, 모이다, 모임, 기회.
- 盟 : 맹세, 약속, 모임, 구역.

| 어찌 하 | 좇을 준 | 대략 약 | 법 법 |

소하(蕭何)는 약법(約法, 간소한 법)으로 나라를 다스렸고,

解說

소하는 한(漢)나라 고조(高祖) 유방의 참모로서 한나라를 세우는데 공헌이 컸다. 장량과 더불어 진(秦)나라를 멸한 후, 약법 3장을 반포했는데 그것은 이렇다. 곧 사람을 죽인 자는 사형에 처한다. 사람을 상하게 하거나 도둑질한 자는 벌한다. 이제까지의 까다로운 진나라의 법을 모두 없앤다는 것이다.

字義

- 何 : 소하(蕭何), 어찌, 무엇, 어느.
- 遵 : 좇다, 순종함, 거느리다, 이끎.
- 約 : 대략, 대강, 약속하다, 묶다.
- 法 : 법, 방법, 모형, 본받다.

나라 **한**	해질 **폐**	번거로울 **번**	형벌 **형**

한비자는 번거롭고 가혹한 형벌로 (진시황에게 권했다가) 해를 입었다.

解說

한비자는 전국시대 한(韓)나라의 공자(公子)이다. 한비자가 만든 형법은 엄벌주의로 지나치게 가혹하여 민심의 배척을 받았다. 또한 자신도 그 법에 의해 진시황으로부터 죽임을 당했다.

字義

- 韓 : 나라 이름, 삼한, 대한민국.
- 弊 : 해지다, 부수다, 쓰러지다, 폐단.
- 煩 : 번거롭다, 성가시다, 귀찮다.
- 刑 : 형벌, 형벌을 주다, 벌함.

일어날 기	자를 전	자못 파	칠 목

진(秦)나라 장수 백기(白起)와 왕전(王翦), 조나라 장수 염파(廉頗)와 이목(李牧)은,

解說

백기와 왕전은 진(秦)나라의 훌륭한 장수이고 염파와 이목은 조(趙)나라의 이름난 장수들이다.

字義

- 起 : 일다, 일어서다, 일어나다, 일으키다.
- 翦 : 자르다, 끊다, 깎다, 화살.
- 頗 : 자못, 조금, 약간, 치우치다.
- 牧 : 치다, 기르다, 다스리다, 목장.

쓸 **용**	군사 **군**	가장 **최**	정밀할 **정**

용병술이 (군사 부리기를) 가장 정밀하게 했다.

解說

이 네 명의 장수들은 군사를 지휘해서 전쟁을 하는 데 누구보다도 용병술(用兵術)이 뛰어났다.

字義

- 用 : 쓰다, 쓰이다, 작용, 용도.
- 軍 : 군사, 전투, 군인, 진치다.
- 最 : 가장, 제일, 으뜸, 중요한 일.
- 精 : 정밀하다, 세밀, 자세하다, 찧다.

宣	威	沙	漠
베풀 선	위엄 위	모래 사	아득할 막

(명장들은) 사막에까지 위엄을 떨쳤으며.

解說

앞에서 말한 명장들, 진(秦)나라의 백기·왕전이나 조(趙)나라의 염파·이목 같은 명장들은 전쟁에 이겨서 그 위력을 사막 끝까지 펼쳤다.

字義

- 宣 : 베풀다, 펴다, 밝히다, 떨치다.
- 威 : 위엄, 세력, 두려움, 해치다.
- 沙 : 모래, 모래벌, 사막, 물가.
- 漠 : 사막, 아득하다, 넓다, 쓸쓸하다.

| 달릴 치 | 기릴 예 | 붉을 단 | 푸를 청 |

그 명예는 그림으로 그려져 후세에 전했다.

解說

또 한나라 선제(宣帝)는 11명의 공신을 기린각에 그리게 하고, 후한의 명제(明帝)는 공신 32명을 남궁(南宮)에 그리게 하여, 그들의 명성이 마치 말이 달리는 것처럼 후세에 전해졌다.

字義

- 馳 : 달리다, 분주하다, 지나가다.
- 譽 : 명예, 영예, 기리다, 칭찬하다.
- 丹 : (단) 붉다, 정성스럽다, 단청하다.
  (란) 꽃이름, 모란, 나라 이름.
- 靑 : 푸르다, 푸른 빛, 청색.

아홉 구	고을 주	하우씨 우	자취 적

구주(九州)는 하나라 우(禹)임금 공적의 발자취이며,

解說

9주란 기주·연주·청주·서주·양주(楊州)·형주·예주·양주(梁州)·옹주의 아홉으로 나누어진 땅인데, 하(夏)나라를 창업한 우임금이 홍수를 다스린 뒤에 나누어 놓았다.

字義

- 九 : 아홉, 아홉 번, 모임, 수효의 끝.
- 州 : 고을, 행정구역, 삼각주, 마을.
- 禹 : 하우씨, 하(夏)나라를 세운 임금.
- 跡 : 자취, 발자취, 흔적.

일백 **백**	고을 **군**	나라 **진**	아우를 **병**

백 군(고을)을 둔 것은 진시황의 합병에서 시작된 것이다.

解說

중국은 상고(上古) 시대부터 3대(代)까지는 봉건 시대였으나, 진시황 26년에 천하를 통틀어 36군으로 만들었다. 그 뒤에 다시 한(漢)나라에 이르러 몇 대(代) 동안에 군이 늘어 103군이 되었다. 여기에서 백 군이라 함은 군의 수가 많다는 것을 뜻한다.

字義

- 百 : 일백, 100, 많다, 모든, 여러.
- 郡 : 고을, 행정구역, 군청.
- 秦 : 나라 이름, 주대(周代)의 나라.
- 幷 : 아우르다, 어울리다, 합하다.

큰산 **악**	마루 **종**	항상 **항**	산이름 **대**

5악(嶽) 중에서는 항산(恒山)과 대산(岱山, 泰山)이 제일이고,

解說

5악이란 동악인 태산(泰山), 서악인 화산(華山), 남악인 형산(衡山), 북악인 항산(恒山), 중악인 숭산(嵩山)을 말한다. 그 중에서도 항산과 태산을 조종으로 삼았다.

字義

- 嶽 : 큰산, 높은 산, 오악의 총칭.
- 宗 : 마루, 으뜸, 근본, 종묘.
- 恒 : 항산(恒山), 항상, 늘.
- 岱 : 산 이름, 태산(泰山).

터닦을 선	임금 주	이를 운	정자 정

봉선(封禪)의 제사 지낼 때는 운운산(云云山)과 정정산(亭亭山)을 소중하게 여겼다.

解說

봉선(封禪) ; 고대 중국에서 흙을 쌓아 단(壇)을 만들어 하늘과 산천에 제사 지내던 일.

임금이 혁명을 일으켰을 때는 태산에 가서 천신(天神)께 제사 지내고 나서 그 곁의 운운산이나 정정산에 가서 지신(地神)께 제사를 드렸다.

字義

- 禪 : 봉선(封禪), 터 닦다, 고요하다.
- 主 : 주인, 가장, 주되다, 임금.
- 云 : 이르다, 말하다, 가로되, 운운산(云云山).
- 亭 : 정자, 여관, 우뚝하다, 정정산(亭亭山).

| 기러기 **안** | 문 문 | 자줏빛 **자** | 변방 **새** |

기러기 날으는 안문관(雁門關)에는 자새(만리장성)이 있으며,

解說

안문은 산이 구름을 뚫을 만큼 높기 때문에 봉우리 사이로 기러기가 날아다닌다고 하여 붙여진 이름이다. 자새(紫塞)는 진시황이 쌓은 만리장성을 일컫는 말로, 장성의 흙빛이 자색이기 때문이다.

字義

- 雁 : 기러기(鴈과 同字).
- 門 : 문, 문간, 문전, 집안, 가문, 문벌.
- 紫 : 자줏빛(보랏빛), 신선의 집 빛깔.
- 塞 : (새) 변방, 변경, 성채(城砦).
  (색) 막다, 막히다, 충만하다.

닭 계	밭 전	붉을 적	성 성

계전이라는 광활한 지역과 적성이 있다.

解說

계전(鷄田)은 북쪽 변방(邊方) 밖에 있는 땅 이름이고, 적성 또한 만리장성 밖에 있는 산으로, 옛날 치우(蚩尤)가 살던 땅을 말한다. 적성이란 산에 있는 돌이 붉은빛이 많아서 그렇게 지은 것이다. 치우는 신농씨(神農氏) 때 난리를 일으킨 전설상의 인물이다.

字義

- 鷄 : 닭, 베짱이.
- 田 : 밭, 경지 구획, 밭 갈다, 사냥하다.
- 赤 : 붉다, 붉은 빛, 벌거숭이.
- 城 : 성, 재, 성벽, 도읍.

| 맏 곤 | 못 지 | 돌 갈 | 돌 석 |

곤지는 장안 서남쪽에 있는 연못이고, 갈석은 북방 동해가에 있는 산이며,

解說

곤지는 곤명현에 있는 연못으로 한(漢)나라 무제(武帝)가 곤명국(昆明國)을 칠 때, 수전(水戰)을 연습하기 위해 판 큰 못이고, 갈석은 북방 동해가에 있는 험한 산이다.

字義

- 昆 : 맏이, 형, 뒤, 나중.
- 池 : 못, 해자(垓字), 물길, 도랑.
- 碣 : (갈) 비석, 둥근 비석, 돌. (게) 선돌, 우뚝 서다.
- 石 : 돌, 돌침, 약, 운석.

| 클 거 | 들 야 | 고을 동 | 뜰 정 |

거야는 산동성에 있는 광대한 들판이고, 동정호는 호남성에 있는 제일의 호수다.

解說

앞의 글에 이어서 중국의 지리 중 광대한 들판으로는 태산 동쪽에 있는 거야가 있고, 호수로는 호남성에 있는 동정호가 그 대표적이다.

字義

- 鉅 : 크다, 강하다, 단단하다.
- 野 : 들, 교외, 들판, 논밭, 시골.
- 洞 : (동) 골, 구멍, 굴, 마을. (통) 꿰뚫다.
- 庭 : 뜰, 집안, 조정, 곳, 관아.

鉅野洞庭　鉅野洞庭

| 밝을 광 | 멀 원 | 이어질 면 | 멀 막 |

산천은 드넓어 아득하게 멀리 이어졌으며,

解說

 광활한 중국 구주(九州)는 변방의 요새(만리장성), 드넓은 호수와 연못들이 아득하게 멀리 이어져 끝이 없으며, 산과 골짜기는 마치 동굴과 같아서 깊고도 어둡다.

字義

- 曠 : 밝다, 비다, 공허하다, 크다, 넓다.
- 遠 : 멀다, 깊다, 길다, 심오하다.
- 綿 : 이어지다, 잇다, 퍼지다, 솜, 명주.
- 邈 : 멀다, 아득하다, 업신여기다.

| 바위 암 | 산굴 수 | 어두울 묘 | 어두울 명 |

험한 산 바위와 골짜기는 동굴처럼 깊고 어둡다.

解說

앞의 문장 —자새, 계전, 거야, 동정호, 그리고 오악(五嶽)과 안문, 갈석, 적성 등의 지리적인 특성을 들어 설명한 것이다. 면막(免邈)은 멀리 보이는 모양이고, 묘명(杳冥)은 컴컴하고 깊게 보이는 모양이다.

字義

- 巖 : 바위, 가파르다, 험함, 굴, 석굴.
- 岫 : 산굴, 암굴산, 산봉우리.
- 杳 : 어둡다, 깊고 넓은 모양, 멀다.
- 冥 : 어둡다, 어둠, 밤, 깊숙하다.

| 다스릴 **치** | 근본 **본** | 어조사 **어** | 농사 **농** |

농사로써 나라 다스리는 근본을 삼으니,

解說

관자(管子)의 목민편(牧民篇)에, '창고가 가득 차 있어야만 백성들이 예절을 안다'고 했다. 무릇 임금된 자는 무엇보다도 먼저 농사를 소중히 여겨 이로써 나라 다스리는 근본을 삼았다.

字義

- 治 : 다스리다, 다스려지다, 정사(政事).
- 本 : 근본, 근원, 밑, 뿌리, 바탕.
- 於 : 어조사, ~에, ~에게, ~보다, 있다.
- 農 : 농사, 농사짓다, 농부, 힘쓰다.

힘쓸 무	이 자	심을 가	거둘 색

곡식을 심고 거두는 일에 (정성을 다해) 힘써야 할 것이다.

解說

「모전(毛傳)」에, '곡식 심는 것을 가(稼), 거두는 것을 색(穡)이라고 한다'고 했다. 농사에 종사하는 사람들은 곡식을 심고 수확하는 데까지의 작업을 게을리 하지 말아야 한다.

字義

- 務 : 힘쓰다, 일, 직분.
- 玆 : 이, 여기, 이에, 늘어나다.
- 稼 : 심다, 농사, 익은 벼이삭.
- 穡 : 거두다, 수확하다, 거둘 곡식.

| 비로소 숙 | 실을 재 | 남녘 남 | 이랑 묘 |

비로소 양지바른 남향 밭에 나가 일을 시작하니,

解說

만물이 소생하는 봄이 되면 농부의 손길이 바빠진다. 곡식의 씨를 뿌리는 시기를 놓치지 말 것을 강조하고, 백성들은 농사에 게을리하지 말라는 뜻을 나타냈다.

字義

- 俶 : 비로소, 처음, 시작하다, 짓다.
- 載 : 싣다, 타다, 탈 것, 적재하다.
- 南 : 남녘, 남으로 향하다.
- 畝 : 이랑, 밭의 두둑, 면적 단위.

| 나 **아** | 재주 **예** | 기장 **서** | 피 **직** |

나는 기장과 피를 심어 농사지으리라.

解說

또한 이 시기가 되면 영지(領地)를 소유한 제후들도 조상에게 제사 지낼 곡식을 스스로 심었는데, 제사 지내는 데는 무엇보다도 기장과 피를 중요시 여겼다. 옛 중국에서는 서직(黍稷)을 오곡의 으뜸으로 꼽았다.

字義

- 我 : 나, 나의, 아집(我執).
- 藝 : 재주, 기예, 학문, 글.
- 黍 : 기장, 메기장.
- 稷 : 피, 기장, 메기장, 곡식.

| 구실 세 | 익을 숙 | 바칠 공 | 새 신 |

세금은 익은 곡식으로 내고, 새 곡식으로 공물을 바치니,

解說

세금은 백성에게 중요한 임무이며 언제나 소홀히 할 수 없는 제일 큰 의무이다. 농사를 맡은 유사(有司)는 그 직분을 다해서 백성들로 하여금 부지런히 일하게 하였다.

字義

- 稅 : 구실(세금), 징수(세납), 부세.
- 熟 : 익다, 익숙하다, 익히다, 무르다.
- 貢 : 바치다, 공물, 천거하다.
- 新 : 새롭다, 새로, 새로워지다.

권할 **권**	상줄 **상**	내칠 **출**	오를 **척**

잘하는 사람은 권장하여 상을 주고, 잘못한 이는 내쫓기도 한다.

解說

곡식이 잘 익으면 그 중에서 새 곡식을 지체없이 위에 바쳐 공세(貢稅)에 쓰도록 하였는데, 임금은 그 유사(有司)에게 상을 주고, 혹은 지위를 올려 주어 이를 권장하였다.

字義

- 勸 : 권하다, 힘쓰다, 가르치다.
- 賞 : 상 주다, 상, 기리다, 찬양함.
- 黜 : 내치다, 물리침, 쫓다, 축출.
- 陟 : 오르다, 올리다, 추천함.

| 만 맹 | 굴대 가 | 도타울 돈 | 흴 소 |

맹자는 하늘에서 받은 소성(素性, 성품)을 온전히 하려고 마음을 도탑게 길러왔고,

解說

맹자의 이름은 가(軻), 자는 자여(子與)이다. 자(子) 자를 붙인 것은 높여서 쓰는 말이다. 맹자는 인의(仁義)로써 천하를 다스려야 한다고 말하여 성선설(性善說)을 주장하였다.

字義

- 孟 : 맹자, 맏, 처음, 크다, 맹랑하다.
- 軻 : 맹자 이름, 굴대, 차축, 수레가 가기 힘들다.
- 敦 : 도탑다, 정성, 힘쓰다.
- 素 : 희다, 생초(生草), 본디, 평소, 바탕.

역사 **사**   물고기 **어**   잡을 **병**   곧을 **직**

사어(史魚)는 조금도 굽힘이 없이 곧았다.

解說

사어는 위(衛)나라 대부(大夫)였는데, 사관(史官)으로 있었기 때문에 사어(史魚)라고 불렀다. 그는 매우 정직하고 어떠한 일에 있어서도 그 곧은 것을 잃지 않았다.

字義

- 史 : 역사, 사기, 사관(史官), 문필 종사자.
- 魚 : 물고기, 고기, 고기잡이 하다.
- 秉 : 잡다, 쥐다, 자루.
- 直 : (직) 곧다, 바른 길, 바른 행실. (치) 값, 품삯, 세.

여러 서	얼마 기	가운데 중	떳떳할 용

(치우침이 없는) 중용을 바라 얻으려면,

解說

서기(庶幾)는 '거의 가깝다'는 뜻으로, 마음속에 바라는 것이 있어 거기에 가까워지기를 바란다는 말이다. 중용(中庸)은 어느 쪽으로든지 치우침이 없이 곧고 올바름, 또는 그 모양을 뜻한다.

字義

- 庶 : 여러, 뭇, 많다, 벼슬이 없는 사람.
- 幾 : 얼마, 몇, 자주, 어찌, 거의.
- 中 : 가운데, 한가운데, 안, 동아리, 마음.
- 庸 : 떳떳하다, 쓰다, 범상하다, 평소.

힘쓸 로	겸손할 겸	삼갈 근	칙서 칙

(오직) 힘껏 일하고 겸손하며, 삼가하고 경계할 것이다.

解說

　항상 자기의 직무에 부지런하고, 자기 분수에 맞추어 겸손하고 과실이 없도록 근신하여 어떤 일이든 착실히 하도록 자기 몸을 경계하고 바로잡으라는 말이다.

字義

- 勞 : 힘쓰다, 수고롭다, 애쓰다, 공로.
- 謙 : (겸) 겸손하다, 공손하다, 양보하다.

　　　(혐) 혐의, 족하다
- 謹 : 삼가다, 조심하다, 경계하다.
- 勅 : 칙서, 훈계하다, 삼가다, 조심하다.

| 들을 **령** | 소리 **음** | 살필 **찰** | 다스릴 **리** |

목소리를 듣고 이치를 살피며,

解說

선비된 사람이 남을 상대할 때는 그의 음성으로써 그 사람의 생각하는 바를 깨달아야 한다. 말하는 것이 도리에 맞는지 안 맞는지를 살펴야 한다.

字義

- 聆 : 듣다, 깨닫다.
- 音 : 소리, 음악, 가락.
- 察 : 살피다, 알다, 드러나다, 상고하다.
- 理 : 다스리다, 옥을 갈다, 바르다, 이치.

| 거울 감 | 모양 모 | 분별할 변 | 빛 색 |

모양과 기색을 거울삼아 분별한다.

解說

또 그 사람의 용모와 얼굴색에 의해서 그의 심중을 분명히 알고 신분을 짐작해야 한다. 곧 군자는 항상 조심하고 과실이 없어야 함을 뜻한다.

字義

- 鑑 : 거울, 본보기, 모범, 교훈, 보다, 살피다.
- 貌 : 얼굴, 형상, 모양, 겉보기.
- 辨 : (변) 분별하다, 구별하다, 나누다.
  (판) 갖추다. (편) 두루.
- 色 : 빛, 빛깔, 얼굴빛, 기색(氣色).

끼칠 이	그 궐	아름다울 가	꾀(계책) 유

그 아름다운 계책을 뒤에까지 남기고,

解說

앞 글에서, 유사(有司)가 된 자가 수양하고 공덕을 쌓을 때에는 그 공로가 이루어져서 아름다운 업적을 후세에까지 남길 수 있다는 것을 말했다. 가유(嘉猷)는 무슨 일에서나 그 일에 마땅한 방법을 얻는 것이므로 좋은 계책을 뜻한다.

字義

- 貽 : 끼치다, 주다, 남기다, 물려주다.
- 厥 : 그, 그 사람, 그것.
- 嘉 : 아름답다, 좋음, 기리다, 칭찬함.
- 猷 : 꾀, 계책, 모계, 도리.

힘쓸 면	그 기	삼갈 지	심을 식

삼가하는 마음을 몸에 심도록 힘써야 한다.

解說

임금에게 벼슬하는 자는 항상 자기 몸에 과실이 없도록 조심하고 두려워해서 항상 덕(德)을 갖추도록 힘써야 한다.

字義

- 勉 : 힘쓰다, 권하다, 격려함, 장려하다.
- 其 : 그, 그것, 발어사, 어조사.
- 祗 : 삼가다, 존경함, 마침.
- 植 : 심다, 식물, 초목, 세우다.

| 살필 성 | 몸 궁 | 나무랄 기 | 경계할 계 |

(항상 자신의) 몸을 살피고 남의 비방에 스스로 경계하며,

解說

대체로 신분이 귀하게 되면 자기 위엄을 나타내며 함부로 행동하기 마련이다. 그러기 때문에 세상 사람들로부터 손가락질 받기 일쑤이다. 그러므로 나를 경계해 주고 충고해 주는 일이 있으면 자기의 잘못을 깊이 살피고 깨달아야 한다.

字義

- 省 : (성) 살피다, 자세히 보다, 분명하다, 행정 구역.
    (생) 덜다, 줄이다, 허물.
- 躬 : 몸, 신체, 몸소 행하다.
- 譏 : 나무라다, 헐뜯다, 간하다, 비방.
- 誡 : 경계하다, 훈계하다, 스스로 조심하고 삼감.

| 사랑할 총 | 더할 증 | 겨룰 항 | 다할 극 |

임금의 사랑이 더할수록 조심하여 그 정도를 지켜야 한다.

解說

또 임금의 총애가 더해지면 교만해지기 쉽상이다. 그러므로 사람은 항상 삼가하고 억제해서 그런 잘못이 없도록 해야 한다.

字義

- 寵 : 괴다, 사랑함, 총애, 은혜, 첩.
- 增 : 더하다, 늚, 불어나다, 겹치다.
- 抗 : 막다, 대항하다, 거부함, 겨루다.
- 極 : 지극하다, 최고, 다하다, 한계.

| 위태할 태 | 욕될 욕 | 가까울 근 | 부끄러울 치 |

위태로움과 욕됨은 부끄러움에 가까우니,

解說

「노자(老子)」에, '족한 것을 알면 욕보지 않고, 그칠 것을 알면 위태롭지 않다'고 했다. 신분이 높아지면 윗사람에게는 혐의를 받고 아랫사람에게는 미움을 받게 마련이다.

字義

- 殆 : 위태하다, 의심하다, 두려워하다, 지치다.
- 辱 : 욕되다, 욕보이다, 수치, 거스르다.
- 近 : 가깝다, 친하다, 닮다, 근처.
- 恥 : 부끄럽다, 욕, 부끄러움.

수풀 림	못 고	다행 행	곧 즉

숲이 있는 물가로 물러나서 한가함이 다행이다.

解說

그리하여 조금의 실수에도 치욕(부끄러움)을 받게 된다. 그러므로 이런 때에는 그 기미를 보아 벼슬을 내놓고 물가로 가서 한가한 몸이 되도록 하여야 한다.

字義

- 林 : 수풀, 숲, 빽빽하다, 들, 동아리.
- 皐 : 못, 늪, 언덕, 높다.
- 幸 : 다행, 요행, 혜택, 행운, 즐기다.
- 卽 : 곧, 즉시, 자리에, 가까이.

| 두 **량** | 성길 **소** | 볼 **견** | 기미 **기** |

양소(疏廣·疏受)는 기미를 알고,

解說

소광은 한(漢)나라 성제(成帝) 때 태자의 태부(太傅)였고, 소수는 소광의 형의 아들로 태자의 소부(少傅)였는데 이들을 양소(兩疏)라고 했다.

字義

- 兩 : (량) 두, 둘, 짝, 필. (냥) 양, 냥(무게·돈의 단위).
- 疏 : 성기다, 트이다, 멀다, 거칠다, 적다.
- 見 : (견) 보다, 보이다, 의견.
  (현) 뵙다, 만나다, 알현하다.
- 機 : 기미, 조짐, 시기, 틀, 베틀, 기회.

풀 해	짤(인끈) 조	누구 수	핍박할 핍

인끈(관직)을 풀고 물러났는데 누가 그를 핍박할 수 있겠는가.

解說

그들은 권세의 자리에 오래 있을 수 없음을 알고 스스로 인끈을 풀어놓고 시골집으로 돌아갔다. 그들은 황제와 태자가 준 재물을 친척과 친구들에게 나누어 주고 한가한 세월을 보냈다. 그런 그를 누가 핍박하겠는가.

字義

- 解 : 풀다, 풀어지다, 가르다, 해부, 이해.
- 組 : 짜다, 인끈, 베를 짜다, 길쌈, 조직.
- 誰 : 누구, 묻다, 무엇, 어찌.
- 逼 : 다그치다, 핍박, 강박, 협박, 구박.

찾을 **색**	살 **거**	한가할 **한**	곳 **처**

한가한 곳을 찾아 사노라니,

解說

뜻을 얻지 못한 선비가 초야에 묻혀 살면서 세상의 번잡함을 피해서 살아가는 정경이다.

字義

- 索 : (삭) 동아줄, 꼬다, 택하다, 공허하다.
  (색) 찾다, 바라다, 구함, 취하다.
- 居 : 살다, 있다, 앉다, 쌓다.
- 閑 : 한가하다, 편안함, 조용하다, 휴식.
- 處 : 곳, 장소, 위치, 머무르다, 살다.

| 잠길 침 | 말없을 묵 | 고요할 적 | 쓸쓸할 료 |

잠긴 듯 말이 없이 한가롭고 고요하구나.

解說

그러나 항상 마음을 가라앉혀 침묵을 지키고 정신을 길러 오로지 천명(天命)만을 즐기는 가운데 적적하고 고요하다는 뜻이다.

字義

- 沈 : (침) 잠기다, 막히다, 침체됨, 숨다. (심) 성씨.
- 默 : 말 없다, 잠잠하다, 조용하다.
- 寂 : 고요하다, 쓸쓸하다, 편안하다.
- 寥 : 쓸쓸하다, 한가롭다, 비다, 휑하다.

구할 **구**	옛 **고**	찾을 **심**	논의할 **론**

옛 현인의 글을 읽어 길을 찾고 그 도(道)를 얻어 강론하며,

解說

한가롭게 은거하는 사람은 항상 침묵한 채 천하의 일을 말하지 않는다. 그들은 옛사람의 뜻을 책 속에서 구하고 그 도리를 찾아서 의논한다.

字義

- 求 : 구하다, 찾다, 묻다, 부르다.
- 古 : 옛, 예전, 옛일, 선인.
- 尋 : 찾다, 캐묻다, 생각하다.
- 論 : 논의하다, 말하다, 토론하다.

| 흩을 산 | 생각 려 | 거닐 소 | 멀 요 |

번거로운 근심을 흩어버리고 한가로이 거닌다.

解說

　산려(散慮)는 답답한 마음을 훌훌 털어버리는 것을 뜻한다. 곧 한가함 속에서도 자기 마음속에 뭉쳐 있는 온갖 생각들을 흩어버리고 스스로 마음을 위로한다.
　소요(逍遙)는 마음내키는 대로 슬슬 거닐며 다니는 것을 뜻한다.

字義

- 散 : 흩다, 흩어지다, 떨어지다.
- 慮 : 생각하다, 염려하다, 근심하다.
- 逍 : 거닐다.
- 遙 : 멀다, 아득하다, 소요하다, 노닐다.

| 기쁠 흔 | 아뢸 주 | 여러 루 | 보낼 견 |

기쁨은 모여들고 번거로움이 사라지니,

解說

 은둔하여 세상의 번거로운 근심과 걱정에 구속되지 않는 사람은 항상 한가롭게 살아갈 수가 있다.

字義

- 欣 : 기뻐하다, 기쁨, 기쁘게 받들다.
- 奏 : 아뢰다, 아뢰는 글, 연주하다.
- 累 : 여러, 포개다, 누끼치다, 번거로움.
- 遣 : 보내다, 파견하다, 놓아주다, 쫓다.

슬플 척	사례 사	기뻐할 환	부를 초

슬픈 마음은 물러가고 즐거움은 자연히 온다.

解說

이렇게 되면 외적(外的)인 번거로움을 모두 쫓아 버리고, 슬픈 마음들도 사절(謝絶)하는 것처럼 없애 버리고 보면 자연히 즐거움을 불러오게 된다.

字義

- 感 : 근심하다, 걱정함, 슬퍼하다, 서러워함.
- 謝 : 사례하다, 사과하다, 물러가다.
- 歡 : 기뻐하다, 기쁨, 즐거움.
- 招 : 부르다, 초래하다, 오게 함.

| 개천 거 | 연꽃 하 | 과녁 적 | 지날 력 |

개천(도랑)에 핀 연꽃은 밝게 피어 아름답고,

解說

은자(隱者)가 사는 곳의 한가롭고 우아한 풍경을 뜻한 것이다. 은자는 번잡한 속세를 떠나 초야에 묻혀 사는 사람을 말한다.

字義

- 渠 : 개천, 도랑, 크다, 방패, 어찌.
- 荷 : 연, 연꽃, 메다, 짐이나 일을 떠맡다.
- 的 : 과녁, 표준, 요점, 적실하다.
- 歷 : 지내다, 겪다, 두루, 책력.

| 동산 원 | 풀우거질 망 | 뺄 추 | 가지 조 |

동산에 우거진 풀들은 가지를 길게 뻗고 있다.

解說

  연꽃은 싱싱하고 아름답게 피어 있으며, 풀은 무성하여 가지가 높다랗게 자라고 있는 모습이다.

字義

- 園 : 동산, 정원, 뜰, 별장.
- 莽 : 풀 우거지다, 덮다, 멀다, 잡초.
- 抽 : 빼다, 뽑다, 뻗다, 제거하다, 없앰.
- 條 : 가지, 나뭇가지, 곁가지, 끈.

| 비파나무 **비** | 비파나무 **파** | 늦을 **만** | 푸를 **취** |

(볼품없는) 비파나무 잎사귀는 늦게까지 (겨울철에도) 푸르고,

解說

비파나무는 눈과 서리가 내리는 겨울에도 그 잎새는 마르지 않고 푸른빛을 낸다.

※ 비파나무는 장미과의 상록 교목이다. 높이는 10m 가량. 늦가을에 흰 꽃이 피고 열매는 이듬해 6월경에 노랗게 익는데 맛이 달다. 잎은 한방에서 학질·구토·각기·기침·주독(酒毒)의 약재로 씀.

字義

- 枇 : 비파나무, 참빗, 비파(악기).
- 杷 : 비파나무, 비파, 써레, 발고무래.
- 晩 : 늦다, 저물다, 해질녘, 뒤지다.
- 翠 : 푸르다, 비취색, 비취, 물총새.

枇杷晩翠 │ 枇杷晩翠

벽오동 **오**	오동 **동**	이를 **조**	시들 **조**

오동나무의 (푸르고 큰) 잎은 일찍 시든다.

解說

  그러나 오동나무는 가을철이 되면 푸르고 큰 잎이 일찍이 시들어버린다. '오동나무 잎새 하나가 떨어지는 것을 보고 천하에 가을이 온 것을 안다'고 했다.

※ 오동나무는 넓은 잎이 마주 나며 봄에 보랏빛 꽃이 핌. 나무는 가볍고 질이 좋아 악기·고급가구를 만드는 데 쓰임.

字義

- 梧 : 벽오동나무, 오동나무, 책상, 거문고.
- 桐 : 오동나무, 거문고, 통하다.
- 早 : 일찍, 새벽, 미리, 급히.
- 凋 : 시들다, 이울다, 시듦, 쇠하다.

| 벌릴 진 | 뿌리 근 | 맡길 위 | 가릴 예 |

묵은 나무뿌리들은 흙에 드러난 채 말라 버려졌고,

解說

　가을과 겨울철에 들어서면 정원의 숲이 매우 황량하고 거칠어진다. 묵은 뿌리들은 흙에 드러난 채 말라 있고, 마른 나무들은 아무렇게나 쓰러지고 버려져 있다.

字義

- 陳 : 벌여놓다, 늘어놓다, 베풀다, 펴다.
- 根 : 뿌리, 사물의 밑부분, 뿌리박다, 근거.
- 委 : 맡기다, 버리다, 쌓이다, 시들다.
- 翳 : 가리다, 덮다, 말라 죽다, 그늘.

| 떨어질 락 | 잎사귀 엽 | 나부낄 표 | 바람에 날릴 요 |

떨어진 나뭇잎은 바람에 불려 흩날린다.

解說

여기저기 나무에서 떨어지는 낙엽들은 바람에 날려, 낙엽지는 가을의 쓸쓸한 풍경을 연출한다.

※ 포요는 바람에 날아오르거나 나부낌이 가벼운 것을 뜻한다.

字義

- 落 : 떨어지다, 낙하하다, 흩어지다, 낙엽.
- 葉 : 잎, 뽕, 세대, 끝, 지다.
- 飄 : 나부끼다, 회오리바람, 질풍, 떨어지다.
- 颻 : 바람에 날리다, 바람에 불려 흔들리다, 질풍.

놀 유	고니 곤	홀로 독	돌 운

곤새만이 홀로 날면서,

解說

곤(鯤)은 곤계, 봉황의 일종이다.
하늘을 붉게 물들여 아침 해가 떠오를 때, 곤새는 마음대로 날개를 펴고 하늘 높이 날으는 풍경이다.

字義

- 遊 : 놀다, 놀이, 즐기다, 헤엄치다.
- 鯤 : 고니, 곤계.
- 獨 : 홀로, 혼자, 독특함, 단독.
- 運 : 돌다, 움직이다, 운전하다, 옮기다.

업신여길 **릉**	갈 **마**	붉을 **강**	하늘 **소**

붉은 하늘을 업신여기듯 마음대로 날아다 닌다.

解說

강소(絳霄)는 해뜰 때 붉게 보이는 동쪽 하늘을 가리키는 말이다. 「문선(文選)」에, '곤계는 새벽이 되면 먼저 운다'고 했다. 날짐승의 즐겨 노는 자유로운 모습을 그렸다.

字義

- 凌 : 능가하다, 깔보다, 업신여기다.
- 摩 : 갈다, 문지르다, 닦다, 연마함.
- 絳 : 붉다, 진홍색.
- 霄 : 하늘, 구름기(雲氣).

| 즐길 탐 | 읽을 독 | 갖고 놀 완 | 저자 시 |

왕충(王充)은 글 읽기를 탐하여 저자에 가서 책을 익히는데,

解說

후한(後漢) 때의 왕충(王充)은 글을 읽는 데에 마음이 쏠려서 낙양(洛陽) 저잣거리 서점에 가서 책을 읽었다.
그는 집이 가난하여 책을 살 수 없으므로 항상 저자에 가서 파는 책을 읽었다.

字義

- 耽 : 즐기다, 기쁨을 누림, 열중하여 일에 빠짐.
- 讀 : (독) 읽다, 읽기, 설명함. (두) 구두점, 이두.
- 翫 : 갖고 놀다, 마음껏 익히다, 즐기다.
- 市 : 저자, 장, 시가, 행정 구역.

| 붙일 우 | 눈 목 | 주머니 낭 | 상자 상 |

한 번 보면 잊지 않아 마치 글을 주머니나 상자 속에 넣어 두는 것 같았다.

解說

이처럼 때때로 시장에 가서 책을 읽으면 글을 주머니나 상자 속에 넣어 두듯이 한 번 보면 금시에 외웠다.

여기에서 사람은 글읽기를 가까이해야 한다는 것을 강조하고 있다.

字義

- 寓 : 붙이다, 살다, 머무르다, 빗대다.
- 目 : 눈, 눈동자, 보다, 응시하다.
- 囊 : 주머니, 자루, 주머니에 넣다.
- 箱 : 상자, 곳집, 곁방.

쉬울 이	가벼울 유	바 유	두려울 외

쉽고 대수롭지 않은 일을 두려워하고,

解說

군자된 사람은 말을 삼가하기를 엄하게 해야 한다. 모든 사물을 경솔히 여기고 업신여겨 신중히 하지 않는 것은 군자로서 경계해야 할 일이다.

字義

- 易 : (이) 쉽다. (역) 바꾸다, 교환하다, 다르다, 역학.
- 輶 : 가볍다, 가벼운 수레.
- 攸 : 바, 어조사, 곳, 장소.
- 畏 : 두려워하다, 경외하다, 삼가고 조심하다.

| 붙을 속 | 귀 이 | 담 원 | 담 장 |

마치 담장에도 귀가 있듯이 함부로 경솔하게 말하지 말라.

解說

그러므로 다른 사람의 귀는 언제나 담벽에 붙어 있는 것으로 여기고, 경솔하게 남의 신상을 헐뜯거나 비방하지 말아야 한다.

字義

- 屬 : 붙다, 붙이, 잇다, 무리.
- 耳 : 귀, 뿐, 따름(한정, 결정의 뜻).
- 垣 : 담, 담장, 울타리.
- 牆 : 담, 토담, 경계.

| 갖출 **구** | 반찬 **선** | 저녁밥 **손** | 밥 **반** |

반찬을 갖추어 밥을 먹으니,

解說

「한서(漢書)」에, '먹을 것을 갖춘 것을 선(膳)이라 하는데, 이 선의 뜻은 좋다는 말이다' 라고 했다.

밥을 먹을 때 골고루 반찬을 갖추어 검소하게 먹어야 한다는 말이다.

字義

- 具 : 갖추다, 차림, 그릇, 기구.
- 膳 : 반찬, 바치다, 상을 차려 올림.
- 飧 : 저녁밥, 석식, 만찬, (밥을) 짓다.
- 飯 : 밥, 먹다, 먹이다, 기르다.

| 알맞을 적 | 입 구 | 가득할 충 | 창자 장 |

입에 알맞아 창자에 가득 찬다.

解說

적(適)은 맛이 입에 맞는다는 뜻이요, 충(充)은 배가 가득 차도록 먹는다는 뜻이다. 지나치게 먹는 것을 탐하지 않으며 호사스럽지 않더래도 입에 알맞으면 배가 불러 만족스럽다.

字義

- 適 : 알맞다, 맞다, 만나다, 원수.
- 口 : 입, 말하다, 어귀, 인구.
- 充 : 가득하다, 차다, 채우다, 막다.
- 腸 : 창자, 마음, 기질.

배부를 포	포식할 어	삶을 팽	재상 재

배가 부르면 맛있는 요리도 먹기 싫고,

解說

재(宰)란 여러 가지 음식의 맛을 맞추는 것을 말한다. 먹은 것이 많아서 배가 찼을 때에는 아무리 맛있게 요리한 음식이라도 먹기가 싫다.

字義

- 飽 : 배부르다, 물림, 포식하다, 실컷.
- 飫 : 포식하다, 실컷 먹음, 주연.
- 烹 : 삶다, 달이다, 익히다, 삶아 죽이다.
- 宰 : 재상, 벼슬아치, 다스리다, 요리, 도살하다.

주릴 **기**	싫을 **염**	지게미 **조**	쌀겨 **강**

배가 고프면 술지게미와 쌀겨도 싫은 줄 모르고 먹는다.

解說

그러나 먹은 것이 없어 주렸을 때는 술지게미와 쌀겨 같이 변변치 못한 것이라도 스스로 만족하게 여기고 먹는다는 말이다.

字義

- 饑 : 주리다, 굶주림, 흉년.
- 厭 : 싫다, 미워하다, 물리다.
- 糟 : 술지게미, 지게미, 찌꺼기, 동동주.
- 糠 : 겨, 쌀겨, 작은 것의 비유.

| 친할 친 | 겨레 척 | 연고 고 | 옛 구 |

친척이나 친구들을 대접할 때는,

解說

친(親)은 아버지의 집안이고, 척(戚)은 어머니의 집안이다. 그러나 친척이라고 할 때는 촌수가 가까운 여러 (고종·이종 따위) 겨레붙이를 말한다.

字義

- 親 : 친하다, 사이좋게 지내다, 가깝다.
- 戚 : 겨레, 친족, 친하다, 가깝다.
- 故 : 연고, 예로부터, 예, 옛 벗.
- 舊 : 옛, 옛날, 묵다, 오래다, 낡다.

| 늙을 로 | 젊을 소 | 다를 이 | 양식 량 |

늙은이와 젊은이의 음식을 달리하여 구별해야 한다.

解說

　친척이나 친구들을 대접하는 데에도 늙은이와 젊은이의 음식을 따로하여, 늙은이에게는 더욱 부드럽고 영양이 많은 음식을 골라서 대접해야 한다.

字義

- 老 : 늙다, 지치다, 쇠하다, 어른.
- 少 : 젊다, 어리다, 적다.
- 異 : 다르다, 달리하다, 뛰어나다.
- 糧 : 양식, 먹이, 급여, 구실.

老少異糧　　老少異糧

| 첩 **첩** | 모실 **어** | 자을 **적** | 길쌈 **방** |

처첩과 시녀는 길쌈을 하고 살림하며,

解說

첩(妾)은 군자를 섬기는 여자, 즉 남편과 배우자가 될 수 없는, 아내의 다음가는 여자이다. 옛 중국 제도는 선비 이상의 신분이 되어야만 비로소 첩을 둘 수 있다고 정했다. 어(御)는 첩이나 마찬가지로 신분이 높은 사람을 모시는 자를 말한다.

字義

- 妾 : 첩, 측실(側室), 몸종, 여자의 겸칭.
- 御 : 모시다, 어거하다, 거느리다, 부리다.
- 績 : 잣다, 실을 뽑음, 길쌈, 일, 공적.
- 紡 : 길쌈, 잣다, 실 뽑다.

| 모실 **시** | 수건 **건** | 장막 **유** | 방 **방** |

안방에서 수건을 받들어 남편을 모신다.

解說

시건(侍巾)은 남편의 곁에 있어, 남편이 손을 씻을 때에는 수건을 가지고 있다가 바치는 등 일상생활을 보살핀다는 뜻이다.

字義

- 侍 : 모시다, 받들다, 심부름꾼, 기르다.
- 巾 : 수건, 건, 두건, 헝겊.
- 帷 : 장막, 휘장, 덮다, 가리다.
- 房 : 방, 곁방, 집, 아내.

| 흰 비단 환 | 부채 선 | 둥글 원 | 깨끗할 결 |

흰 비단 부채는 둥글고 깨끗하며,

解說

　방 안에 갖추어 놓은 물건들의 아름답고 깨끗한 모습의 풍경을 말한다. '한가로운 방에서 촛불을 태우노라니 붉은 빛이 드날리고 붉은 불꽃이 타올라 어두운 밤도 대낮과 같다'고 했다.

字義

- 紈 : 흰 비단, 고운 명주, 맺다.
- 扇 : 부채, 부채질하다, 부추기다, 선동.
- 圓 : 둥글다, 동그라미, 둘레, 원만하다.
- 潔 : 깨끗하다, 깨끗이 하다, 맑다.

은 은	촛불 촉	밝을 위	빛날 황

은빛 촛불은 밝게 빛난다.

解說

위황(煒煌)은 요란스레 번쩍이며 환하게 빛난다는 뜻이다. 곧 얇은 깁을 발라서 만든 둥근 부채가 있고, 또 은빛처럼 환하게 빛나는 촛불이 있다는 말이다.

字義

- 銀 : 은, 은빛, 돈, 지경.
- 燭 : 촛불, 초, 비침, 빛나는 모양.
- 煒 : (위) 밝다, 성하다, 빨갛다. (휘) 빛나다, 빛.
- 煌 : 깨끗하다, 깨끗이 하다, 맑다.

| 낮 주 | 잘 면 | 저녁 석 | 잠잘 매 |

낮에는 한가히 낮잠을 자고 저녁에는 침실에서 잠을 잔다.

解說

낮에 쉴 때나 밤에 잠잘 때에 조금도 부족함이 없이 편안하다는 뜻이다. 앞의 글을 받아 쉬고 자는데 편안함을 말한다.

字義

- 晝 : 낮, 대낮, 한낮.
- 眠 : 자다, 졸다, 모르다, 쉬다.
- 夕 : 저녁, 밤일, 기울다.
- 寐 : 잠을 자다, 눈을 감다, 죽다.

쪽 람(남)	죽순 순	코끼리 상	평상 상

쪽빛 푸른 대자리와 상아로 장식한 침상이 갖추어져 있다.

解說

상상(象牀)은 상아(象牙)로 장식한 침상을 말하는 것이고, 상(牀)은 위는 책상과 같고 아래는 다리가 있어 앉을 수도 있고 누울 수도 있도록 만든 침상을 말한다.

字義

- 藍 : 쪽(물감 원료), 남빛, 채소.
- 筍 : 죽순, 대순, 장부(돌기).
- 象 : 코끼리, 상아(象牙) 모양, 형상.
- 牀 : 평상, 침상, 마루, 우물 귀틀.

| 악기줄 현 | 노래 가 | 술 주 | 잔치 연 |

현악기와 어울려 노래하며 술마시고 잔치를 벌이니,

解說

현(絃)은 거문고의 줄을 말하며, 여기에서는 거문고와 같은 현악(絃樂)을 즐긴다는 말이고, 현가(絃歌)는 거문고 따위와 어울려서 하는 노래를 말한다.

字義

- 絃 : 악기 줄, 현악기, 타다.
- 歌 : 노래, 노래하다, 울다, 지저귀다.
- 酒 : 술, 물, 주연(酒宴).
- 讌 : 잔치, 주연, 좌담하다.

| 사귈 접 | 잔 배 | 들 거 | 잔 상 |

술잔을 서로 주고받으며 가득 찬 술잔을 들기도 한다.

解說

접배(接杯)는 잔을 주기도 하고 받기도 한다는 말이다. 상(觴), 역시 술잔이긴 하지만 잔(杯) 속에 술이 가득 차 있는 것을 말한다.

字義

- 接 : 사귀다, 대접하다, 잇다, 받다.
- 杯 : 잔, 대접, 국그릇.
- 擧 : 들다, 일으키다, 날다, 올리다.
- 觴 : 잔, 잔질하다, 술을 침.

들 교	손 수	두드릴 돈	발 족

손을 들고 발을 구르며 춤을 추니,

解說

교수(矯手)는 손을 높이 드는 것이고, 돈족(頓足)은 발을 올렸다내렸다 하는 것으로써, 뛰고 춤추는 모습을 나타낸 것이다.

字義

- 矯 : 들다, 바로잡다, 곧추다, 바루다, 거짓.
- 手 : 손, 손가락, 팔, 손바닥.
- 頓 : 두드리다, 조아리다, 넘어지다.
- 足 : 발, 뿌리, 근본, 족하다.

기쁠 **열**	미리 **예**	또 **차**	편안할 **강**

기쁘고 즐거우며, 또한 편안하다.

解說

술마시고 노래부르고 춤추는 즐거움에 대한 말이다. 곧 손님을 불러모아 술을 마시다가 흥이 났을 때에는 가락에 맞추어 춤을 추니 기쁘고 즐거우며, 마음이 편안해진다.

字義

- 悅 : 기쁘다, 기뻐하다, 즐겁다, 기쁨.
- 豫 : 미리, 기뻐하다, 즐기다, 참여하다.
- 且 : (차) 또, 또한, 하면서, 우선. (저) 머뭇거리다, 도마.
- 康 : 편안하다, 화목하다, 즐기다.

嫡	後	嗣	續
정실(맏이) 적	뒤 후	이을 사	이을 속

맏이는 부모의 대(代)를 이어 조상(祖上)에 제사하며,

解說

맏이는 부조(父祖)의 뒤가 끊어지지 않도록 계승하며, 사시마다 조상의 영에 제사를 올려 그 은혜를 추모해서 자식된 본분을 다해야 한다.

字義

- 嫡 : 맏아들, 정실, 본마누라.
- 後 : 뒤, 나중, 장래, 후세.
- 嗣 : 잇다, 뒤를 잇다, 계승함, 상속자.
- 續 : 잇다, 뒤를 잇다, 공적.

제사 **제**	제사 **사**	찔 **증**	맛볼 **상**

(천자와 제후는 시제를 드리는데) 겨울 제사는
증(蒸), 가을 제사는 상(嘗)이라 한다.

解說

천자와 제후는 따로 시제(時祭)를 드리는데 여기서는 증상(蒸嘗)이라고만 말하여, 봄 제사와 여름 제사를 생략하여 말한 것이다. 봄 제사는 약(礿), 여름 제사는 체(禘)이다.

字義

- 祭 : 제사, 제사 지내다.
- 祀 : 제사, 제사 지내다, 해(年).
- 蒸 : 찌다, 일하다, 덥다, 겨울 제사.
- 嘗 : 맛보다, 먹다, 시험하다, 가을 제사.

조아릴 **계**	이마 **상**	두번 **재**	절 **배**

이마를 땅에 대고 두 번 조아려 절하니,

解說

　계상(稽顙)은 이마를 땅에 대고 엎드려 잠시 그대로 있다가 서서히 머리를 드는 것이다. 곧 부모의 상(喪)을 당했을 때 하는 절을 말한다.

字義

- 稽 : 조아리다, 상고하다, 헤아리다.
- 顙 : 이마, 조아리다, 머리.
- 再 : 두, 둘, 두 번, 거듭하다, 반복.
- 拜 : 절, 절하다, 경의를 나타내는 접두어.

두려울 송	두려울 구	두려울 공	두려울 황

송구하고 두렵고 황송하여 공경한 마음가짐이다.

解說

초상에는 슬픔을 다하고 제사를 지낼 때에는 공경을 다해야 한다. 「예기(禮記)」에, '제삿날 방에 들어가면 분명히 그 어른이 자리에 계신 듯싶고, 문 밖으로 나갈 때면 그 어른의 음성이 들리는 듯싶고, 문에서 나가 들으면 엄연히 그 탄식하는 목소리가 들리는 듯싶다'고 했다.

字義

- 悚 : 두려워하다, 허둥거리다.
- 懼 : 두려워하다, 겁이 나다, 조심.
- 恐 : 두렵다, 무서워하다, 공포.
- 惶 : 두려워하다, 황공하게 여김, 당황하다.

| 글(표) 전 | 편지 첩 | 간략할 간 | 구할 요 |

편지와 글은 간략하게 요약할 것이며,

解說

   편지 글에서는 번잡하지 않게 요점만 따서 전하며, 윗사람의 묻는 말에 대하여는 겸손한 태도로 알기 쉽고 자세하게 대답하라는 말이다.

字義

- 牋 : 글, 표(表), 문체 이름, 장계, 종이.
- 牒 : 편지, 서찰, 글씨판, 공문서.
- 簡 : 간략, 간단함, 편지, 글, 문서.
- 要 : 구하다, 요구함, 원하다, 바람.

돌아볼 고	대답 답	살필 심	자세할 상

말 대답(對答)할 때는 돌아보고 자세히 살펴서 해야 한다.

解說

고답(顧答)은 급히 대답하지 않고 조심하고 심사숙고하게 깊이 생각해서 말한다는 뜻이다. 「예기(禮記)」에, '군자를 모시고 있을 때 좌우를 돌아다보지 않고 대답하는 것은 예의가 아니다'고 했다.

字義

- 顧 : 돌아보다, 둘러봄, 응시하다, 관찰함.
- 答 : 대답하다, 갚다, 응답하다, 대하다.
- 審 : 살피다, 조사하다, 자세히, 밝히다.
- 詳 : 자세하다, 두루, 다하다, 상서롭다.

뼈 해	때 구	생각할 상	목욕할 욕

몸에 더러운 때가 있으면 목욕할 것을 생각하고,

解說

　내 몸뚱이에 때가 있을 경우에는 더러운 것을 씻어 없애야만 마음도 깨끗해질 것이다. 그래서 목욕할 것을 생각한다는 말이다.

字義

- 骸 : 뼈, 해골, 뼈만 남은 시신, 신체.
- 垢 : 때, 때묻다, 더러움, 수치.
- 想 : 생각하다, 상상하다, 바라다.
- 浴 : 목욕하다, 멱감다, 입다.

잡을 **집**	더울 **열**	원할 **원**	서늘할 **량**

뜨거운 것을 잡으면 서늘하기를 원한다.

解說

　또 뜨거운 물건을 손에 잡았을 경우에는 그 뜨거운 것으로 인한 괴로움을 참을 수가 없다. 이 때에는 그 열을 식히기 위해서 서늘한 것을 원한다.

字義

- 執 : 잡다, 지킴, 처리하다, 다스림.
- 熱 : 덥다, 더워지다, 뜨겁다.
- 願 : 원하다, 바라다, 소원.
- 凉 : 서늘하다, 서늘한 바람, 맑다.

| 당나귀 려 | 노새 라 | 송아지 독 | 수소(특별) 특 |

나귀와 노새, 그리고 송아지와 수소는,

解說

집에서 기르는 짐승들의 이름을 열거하고 그 짐승들의 노는 모습을 말하였다. 이런 가축 중에서도 소와 말 종류는 잘 번식하여 뛰고 노는 정경을 말한 것이다.

字義

- 驢 : 당나귀, 나귀.
- 騾 : 노새(수나귀와 암말 사이의 혼혈종).
- 犢 : 송아지.
- 特 : 수소, 유다르다, 특히, 희생.

| 놀랄 해 | 뛸 약 | 뛰어넘을 초 | 달릴 양 |

놀라서 날뛰며 달린다.

解說

크게 뛰는 것을 약(躍), 작게 뛰는 것을 용(踊)이라고 한다. 또 약은 뛰어서 그 자리에 도로 내려오지 않는 것이고, 용은 뛰어서 제자리에 내려오는 것을 말한다.

字義

- 駭 : 놀라다, 놀래다, 어지러워지다.
- 躍 : 뛰다, 뛰어오르다, 뛰어넘다.
- 超 : 넘다, 뛰어넘다, 밟고 넘다.
- 驤 : 달리다, 뛰다, 들다, 고개를 들다.

벨 주	벨 참	도둑(역적) 적	도둑 도

역적과 도둑을 베어 죽이며,

解說

적(賊)은 남을 해치고도 마음에 아무런 거리낌이 없는 자를 말하고, 도(盜)는 남의 물건을 훔친 자를 말한다.
이들은 백성을 괴롭히고 치안을 해친 자들이므로 마땅히 죽여야 한다.

字義

- 誅 : 베다, 죄인을 죽이다, 제거함.
- 斬 : 베다, 자름, 베어 죽이다, 형벌.
- 賊 : 도둑, 죽이다, 훔치다, 해치다.
- 盜 : 도둑, 훔치다, 도둑질하다, 달아나다.

| 잡을 포 | 얻을 획 | 배반할 반 | 도망 망 |

(임금을) 배반하고 죄(罪)를 짓고 도망하는 자를 포박하여 잡아들여야 한다.

解說

반(叛)은 임금을 배반하고 자기가 임금 노릇을 하려고 하는 자를 말하고, 망(亡)은 나쁜 일을 저지르고 도망해 달아난 사람을 말한다. 그들은 마땅히 사로잡아서 벌을 주어야 한다.

字義

- 捕 : 잡다, 사로잡음, 체포함, 붙잡다.
- 獲 : 잡다, 쥠, 붙잡음, 덫.
- 叛 : 배반하다, 모반하다.
- 亡 : 망하다, 도망하다, 달아나다, 잃다.

베 포	쏠 사	벗 료	알 환

여포의 활쏘기와 전국시대 웅의료(熊宜僚)의 방울 굴리기,

解說

삼국시대 여포(呂布)는 활로 원술(袁術)의 군사를 물리쳐 유비(劉備)를 구했고, 의료(宜僚)는 방울을 잘 놀려서 초왕(楚王)을 이기게 했다.

字義

- 布 : 베, 피륙의 총칭, 돈, 화폐, 펴다, 여포(呂布).
- 射 : 쏘다, 궁술·사궁의 약칭, 맞히다.
- 僚 : 동료, 벗, 벼슬아치, 관리.
- 丸 : 알, 탄환, 화살통, 잘고 둥근 것을 재는 단위.

| 사람이름 혜 | 거문고 금 | 성씨 완 | 휘파람 소 |

혜강(嵇康)의 거문고와 완적(阮籍)의 휘파람,
모두가 유명하다.

解說

혜강은 죽림칠현의 한 사람으로 거문고를 잘 타고, 완적은 휘파람으로 노래를 잘 불러서 남의 근심을 풀어주고 우울한 기분을 위로해 주었다.

字義

- 嵇 : 사람·산 이름.
- 琴 : 거문고(아악 및 현악기).
- 阮 : 성씨, 나라 이름.
- 嘯 : 휘파람을 불다, 부르짖다, 읊조리다.

편안할 념(염)	붓 필	인륜 륜	종이 지

몽염(蒙恬)은 붓을 만들었고 채륜(蔡倫)은 종이를 만들었으며,

解說

몽염은 진(秦)나라의 명장(名將)으로 붓을 맨처음 만들었다. 채륜은 후한 때의 환관으로 누에고치에서 나오는 솜으로, 물에 적셔서 종이를 만들었다. 지금의 종이와는 바탕이 다르다.

字義

- 恬 : 편안하다, 고요하다, 태평한 모양.
- 筆 : 붓, 쓰다, 필적, 글씨.
- 倫 : 인륜, 윤리, 무리, 또래.
- 紙 : 종이, 종이를 세는 단위, 장.

| 무게단위 균 | 공교할 교 | 맡길 임 | 낚시 조 |

마균(馬鈞)은 교묘한 재주로 지남거(指南車)를 만들었고, 임공자(任公子)는 낚시질을 잘했다.

解說

마균은 재주가 뛰어나 수레를 만들었고 임공자는 낚시질을 잘하는 등 모두 한 가지 기술에 능했다.

字義

- 鈞 : 무게 단위, 서른 근, 고르다.
- 巧 : 공교하다, 교묘하다, 재주, 책략.
- 任 : 맡기다, 맡다, 주다, 맡은 일.
- 釣 : 낚시, 낚시질, 낚다, 유혹.

| 풀 석 | 어지러울 분 | 이로울 리 | 풍속 속 |

어지러운 것을 풀어내어 세상을 이롭게 하였으니,

解說

앞의 사람들, 몽염이 붓을 만들고 채륜이 종이를 만들고, 마균과 임공자 등이 어지러운 것을 쉽게 풀어 세상 사람들을 편리하게 하였다.

字義

- 釋 : 풀다, 풀어내다, 다스리다, 해석.
- 紛 : 어지러워지다, 섞이다, 엉크러지다.
- 利 : 이롭다, 이익, 날카롭다, 편리.
- 俗 : 풍속, 풍습, 속되다, 세상.

竝	皆	佳	妙
아우를 병	모두(다) 개	아름다울 가	묘할 묘

이 사람들은 모두 다 아름답고 묘하다.

解說

그들은 각기 세상을 이롭게 하고 편리함을 주었을 뿐만 아니라, 이런 일은 착하고 아름다워서 지극히 교묘한 행위를 해주었다.

字義

- 竝 : 아우르다, 나란히 서다, 연하다.
- 皆 : 다, 모두, 함께, 나란하다.
- 佳 : 아름답다, 좋다, 좋아하다.
- 妙 : 묘하다, 정묘함, 뛰어나다.

| 터럭 **모** | 베풀 **시** | 맑을 **숙** | 모양 **자** |

모장(毛嬙)과 서시(西施)는 (절세의 미인으로) 아름다운 자태로,

解說

　모장은 월왕 구천(句踐)이 사랑하던 여인이고, 월나라 저라산에서 나무장수하는 딸 서시는 범려가 데려와 길러 오나라 부차(夫差)에게 바친 미인이다.

字義

- 毛 : 털, 머리털, 가벼운 것의 비유.
- 施 : 베풀다, 주다, 쓰다, 옮기다.
- 淑 : 맑다, 착하다, 얌전하다.
- 姿 : 모양, 맵시, 태도, 모습, 자태.

工	嚬	姸	笑
장인 공	찡그릴 빈	고울 연	웃음 소

그 찡그린 모습조차 아름다웠거늘 웃는 모습이야 얼마나 더 예뻤겠는가.

解說

그들은 경국지색(傾國之色)의 여인으로 즐거워 웃을 때는 고사하고 마음속에 근심이 있어 찡그리는 모습까지도 예쁘게 보여서 남들이 흉내낼 수 없었다.

字義

- 工 : 장인, 교묘하다, 일, 만드는 일.
- 嚬 : 찡그리다, 눈살 찌푸리다.
- 姸 : 곱다, 예쁘다, 아름답다.
- 笑 : 웃다, 웃음, 꽃이 피다.

| 해 년 | 화살 시 | 매양 매 | 재촉할 최 |

세월은 화살처럼 매양 재촉하는데,

解說

시(矢)는 물시계 속에 떠있는 화살로서 시간을 가리키고, 연시(年矢)는 광음(光陰)을 뜻한다. 곧 세월이 가기를 화살같이 빨리 간다는 말이다.

字義

- 年 : 해, 나이, 때, 시대, 익다.
- 矢 : 화살, 곧, 다, 벌여 놓다, 맹세하다.
- 每 : 매양, 늘, 항상, 그 때마다, 자주.
- 催 : 재촉하다, 닥쳐오다, 베풀다.

햇빛 **희**	빛날 **휘**	밝을 **랑**	빛날 **요**

(날마다 뜨는 아침) 햇빛은 언제나 밝게 빛난다.

解說

　일광과 월광은 밝게 비치기만 한다는 뜻으로, 흐르는 세월 앞에서는 별수없이 늙고 쇠한다는 것을 경계하는 말이다.

字義

- 羲 : 햇빛, 숨, 기운, 복희(伏羲).
- 暉 : 빛, 광휘, 빛나다.
- 朗 : 밝다, 맑게 환하다, 유쾌하고 활달하다.
- 耀 : 빛나다, 빛, 광휘를 발하다.

옥이름 선	구슬 기	매달 현	돌 알

구슬로 만든 혼천의(渾天儀)가 공중에 매달려 돌고,

解說

선기(璇璣)는 아름다운 구슬로 별의 모양을 만들어 천체의 운행과 위치를 관측하던 기계 위에 매달아 놓은 혼천의를 말한다.

※ 혼천의는 지난날 천체의 운행과 위치를 관측하던 기계.

字義

- 璇 : 아름다운 옥, 북두칠성의 둘째 별.
- 璣 : 구슬, 작은 구슬, 혼천의(渾天儀).
- 懸 : 매달다, 달아 맴, 매달리다, 걸다.
- 斡 : 돌다, 관리하다, 두르다.

그믐 회	넋 백	고리 환	비출 조

그믐이면 달은 어둡다가 다시 둥글게 환히 비춘다.

解說

혼천의가 공중에 매달려 돌고 있는 것과 같이 매달 그믐이면 달이 어둡다가도 다음 달 보름이 되면 또다시 둥그렇게 순환하면서 비춘다.

字義

- 晦 : 그믐, 밤, 어둠, 월말, 감추다.
- 魄 : 넋, 달빛, 몸, 모양.
- 環 : 고리, 환옥(環玉), 돌다.
- 照 : 비추다, 비치다, 볕, 햇빛.

손가락 **지**	땔나무 **신**	닦을 **수**	도울 **우**

플섶에 불꽃이 계속 이어 타듯이 나 자신을
지성으로 닦으면 하늘의 도움을 받아,

解說

「장자」에, '다하는 것은 섶을 가리킨다. 그러나 불이 전해 오면 그 끝나는 것을 알지 못한다'고 했다. 곧 몸이 죽어서 다하는 것을 섶(薪)에 비유한 것이다.

字義

- 指 : 손가락, 발가락, 가리키다, 지시하다.
- 薪 : 땔나무, 섶나무, 나무를 하다.
- 修 : 닦다, 익히다, 다스리다.
- 祐 : 돕다, 신조(神助), 도움.

길 영	편안할 수	길할 길	높을 소

길이 편안하고 상서로움이 높아지리라.

解說

섶에 불이 타서 옮겨지는 이치를 터득하여 모두 불타 버리기 전에 착한 일을 쌓아가면 편안하고 상서로움이 높아 행복한 삶을 이룰 수 있다는 말이다.

字義

- 永 : 길다, 오래다, 깊다, 멀다.
- 綏 : (수) 편안하다, 끈, 갓끈. (유) 기의 장식, 드리우다.
- 吉 : 길하다, 상서로움, 좋다, 착함.
- 邵 : 높다, 아름답다, 힘쓰다.

법 구	걸음 보	끌 인	옷깃 령

법도에 맞게 옷깃을 여미어 바르게 걸으며,

解說

구보(矩步)는 법도에 맞게 조심해서 걷는 걸음을 말하고, 인령(引領)은 목을 세워 자세를 바르게 한 모양을 일컫는 말이다.

字義

- 矩 : 법, 법도, 곱자, 곡척(曲尺), 자.
- 步 : 걸음, 걷다, 보(여섯 자, 거리의 단위).
- 引 : 끌다, 이끌다, 당기다, 인도하다.
- 領 : 옷깃, 거느리다, 요소, 목, 항(項).

구부릴 부	우러를 앙	행랑 랑	사당 묘

궁전과 사당에서는 (우러러보고 몸을 낮추는 등) 예의를 지켜야 한다.

解說

군자가 올바른 자세로 나아가며, 조정의 일을 처리할 때에도 한 번 나아가고 물러나는 것을 법도에 맞추어야 한다는 것이다.

字義

- 俯 : 구부리다, 엎드리다, 굽어보다, 숙이다.
- 仰 : 우르르다, 우러러보다, 존경하다.
- 廊 : 행랑, 복도, 곁채.
- 廟 : 사당, 종묘, 정전, 조정, 위패.

| 묶을 속 | 띠 대 | 자랑할 긍 | 장중할 장 |

예복을 갖춰 예의 범절을 지키고, 장중하게

解說

속대(束帶)란 관을 쓰고 띠를 띠어 몸을 단속하는 것을 말한다. 곧 조정에 들어갈 때는 의관을 정제하고 예법에 맞는 몸가짐을 갖추어야 한다.

字義

- 束 : 묶다, 묶음, 다발, 띠매다, 약속하다.
- 帶 : 띠, 띠다, 두르다, 꾸미다, 장식함.
- 矜 : 자랑하다, 자만하다, 불쌍히 여기다.
- 莊 : 장중하다, 엄숙하다, 삼가다, 씩씩하다.

| 거닐 배 | 배회할 회 | 쳐다볼 첨 | 바라볼 조 |

여기저기 거닐고 바라보는 것은 모두 예의에 맞게 해야 한다.

解說

걸음걸이와 행동거지 하나까지 예절바른 태도를 잃어서는 안된다. 곧 걷고 보는 모든 행동을 조심하라는 말이다.

字義

- 徘 : 거닐다, 노닐다, 어정거리다.
- 徊 : 배회하다, 노닐다, 거닐다, 어정거리다.
- 瞻 : 쳐다보다, 보다, 우러러봄, 굽어보다.
- 眺 : 바라보다, 살피다, 두리번거리다.

외로울 고	더러울 루	적을 과	들을 문

외롭고 재주가 없으며 식견이 적으면,

解說

「예기(禮記)」에, '혼자서만 배워서 벗이 없으면 외롭고 비루해서 듣는 것이 적다'고 했다. 사람이 외롭게 있어서 유익한 것을 얻어듣지 못하면 비루하고 용렬해진다.

字義

- 孤 : 외롭다, 고아, 홀로, 멀다, 저버리다.
- 陋 : 더럽다, 추하다, 못생기다, 천하다.
- 寡 : 적다, 약하다, 과부, 홀어미.
- 聞 : 듣다, 가르침 받다, 방문함, 소문.

| 어리석을 **우** | 어릴 **몽** | 무리 **등** | 꾸짖을 **초** |

어리석고 무지하여 남의 책망을 듣게 마련이다.

解說

학문과 덕행이 없는 자는 한낱 어리석은 사람으로 취급되어 남들의 책망을 받을 것이라 하여 학문이 없는 자를 경계했다.

字義

- 愚 : 어리석다, 우직하다, 나, 자기의 낮춤말.
- 蒙 : 어리다, 어리석다, 입다, 덮다, 어둡다.
- 等 : 무리, 동아리, 같다, 등급.
- 誚 : 꾸짖다.

이를 위	말씀 어	도울 조	놈 자

소위 (글자의 보조로 쓰이는) 조사(助辭)라고 말하는 글자는,

解說

어조(語助)는 조사, 즉 명사·동사·형용사 등을 연결시켜서 말뜻을 돕는 글자이다. 곧 조사는 글귀를 성립시키고 말을 만들어 나가는 데 없어서는 안 되는 글자이다.

字義

- 謂 : 이르다, 고하다, 일컫다, 이른바(소위).
- 語 : 말씀, 말, 이야기, 어구, 문구.
- 助 : 돕다, 도움, 구실, 이롭다.
- 者 : 놈, 사람, 것, 곳, 어조사.

어찌 언	어조사 재	온 호	잇기 야

언과 재와 호와 야 자(字)이다.

解說

조사의 대표적인 글자로써, '언'은 앞 글을 가리켜서 이것을, 여기에 등으로 쓰이고, '재'와 '호'는 탄식할 때와 의심날 때, 또는 반어(反語)에 쓰이고, '야'는 결정적인 끝말과 의심의 뜻으로 쓰인다.

字義

- 焉 : 어찌, 이에, 이, 그래서, 곧, 어조사.
- 哉 : 어조사(반어·감탄의 종결사), 비로소, 처음으로.
- 乎 : 온, 그런가, 어조사(의문·영문·반어·호격, ~에, ~보다의 뜻을 나타내는 전치사, 부사를 만드는 어미).
- 也 : 잇기, 어조사, 또, 또한, 발어사, 잇닿다.

부수의 명칭

｜ 一劃 ｜

- 一   한 일
- 丨   뚫을 곤
- 丶   불똥 주(점)
- 丿   삐칠 별(삐침)
- 乙(乚) 새 을
- 亅   갈고리 궐

｜ 二劃 ｜

- 二   두 이
- 亠   돼지해머리
- 人(亻) 사람 인(인변)
- 儿   어진 사람 인
- 入   들 입
- 八   여덟 팔
- 冂   멀경몸
- 冖   민갓머리
- 冫   이수변
- 几   안석 궤
- 凵   위터진입구
- 刀(刂) 칼 도(선칼도)

- 力   힘 력
- 勹   쌀 포
- 匕   비수 비
- 匚   튼입구몸
- 匸   감출헤몸
- 十   열 십
- 卜   점 복
- 卩(㔾) 병부 절
- 厂   민엄호
- 厶   마늘모
- 又   또 우

｜ 三劃 ｜

- 口   입 구
- 囗   큰입 구
- 土   흙 토
- 士   선비 사
- 夂   뒤져올 치
- 夊   천천히걸음 쇠
- 夕   저녁 석
- 大   큰 대

- 女   여자 녀
- 子   아들 자
- 宀   갓머리
- 寸   마디 촌
- 小   작을 소
- 尢(兀) 절름발이 왕
- 尸   주검 시
- 屮   왼손 좌
- 山   메 산
- 巛(川) 개미허리 (내천)
- 工   장인 공
- 己   몸 기
- 巾   수건 건
- 干   방패 간
- 幺   작을 요
- 广   엄호
- 廴   민책받침
- 廾   밑스물입
- 弋   주살 익
- 弓   활 궁
- 크(彑) 터진가로왈

- 彡   터럭 삼
- 彳   중인변

◀ 四劃 ▶

- 心(忄) 마음 심(심방변)
- 戈   창 과
- 戶   지게 호
- 手(扌) 손 수(재방변)
- 支   지탱할 지
- 攴(攵) 등글월문
- 文   글월 문
- 斗   말 두
- 斤   날 근
- 方   모 방
- 无(旡) 이미기방
- 日   날 일
- 曰   가로 왈
- 月   달 월
- 木   나무 목
- 欠   하품 흠
- 止   그칠 지

- 歹　　죽을사 변
- 殳　　갖은등글월문
- 毋　　말 무
- 比　　견줄 비
- 毛　　터럭 모
- 氏　　각씨 씨
- 气　　기운 기
- 水(氵/氺)　물 수(삼수변)
- 火(灬)　불 화(연화발)
- 爪(爫)　손톱 조
- 父　　아비 부
- 爻　　점괘 효
- 爿　　장수장변
- 片　　조각 편
- 牙　　어금니 아
- 牛　　소 우
- 犬(犭)　개 견(개사슴록변)

◀ 五劃 ▶

- 玄　　검을 현
- 玉(王)　구슬 옥(임금왕변)
- 瓜　　오이 과
- 瓦　　기와 와
- 甘　　달 감
- 生　　날 생
- 用　　쓸 용
- 田　　밭 전
- 疋　　발 소(짝필변)
- 疒　　병질엄
- 癶　　필발머리
- 白　　흰 백
- 皮　　가죽 피
- 皿　　그릇 명
- 目　　눈 목
- 矛　　창 과
- 矢　　화살 시
- 石　　돌 석
- 示(礻)　보일 시
- 禸　　짐승발자국 유
- 禾　　벼 화
- 穴　　구멍 혈
- 立　　설 립

六劃

- 竹　대 죽
- 米　쌀 미
- 糸　실 사
- 缶　장군 부
- 网(罒) 그물 망
- 羊(⺶) 양 양
- 羽　깃 우
- 老(耂) 늙을 로
- 而　말이을 이
- 耒　쟁기 뢰
- 耳　귀 이
- 聿　붓 율
- 肉(月) 고기 육(육달월)
- 臣　신하 신
- 自　스스로 자
- 至　이를 지
- 臼　절구 구
- 舌　혀 설
- 舛　어그러질 천
- 舟　배 주
- 艮　괘이름 간
- 色　빛 색
- 艸(艹) 풀 초(초두)
- 虍　범 호
- 虫　벌레 충
- 血　피 혈
- 行　다닐 행
- 衣(衤) 옷 의
- 襾(西) 덮을 아

七劃

- 見　볼 견
- 角　뿔 각
- 言　말씀 언
- 谷　골 곡
- 豆　콩 두
- 豕　돼지 시
- 豸　갖은돼지시
- 貝　조개 패
- 赤　붉을 적
- 走　달아날 주

- 足(⻊) 발 족
- 身 몸 신
- 車 수레 거
- 辛 매울 신
- 辰 별 진
- 辵(辶) 책받침
- 邑(⻏) 고을 읍(우부방)
- 酉 닭 유
- 釆 분별할 변
- 里 마을 리

┃ 八劃 ┃
- 金 쇠 금
- 長(镸) 길 장
- 門 문 문
- 阜(⻖) 언덕 부(좌부변)
- 隶 미칠 이
- 隹 새 추
- 雨 비 우
- 靑 푸를 청
- 非 아닐 비

┃ 九劃 ┃
- 面 낯 면
- 革 가죽 혁
- 韋 다룸가죽 위
- 韭 부추 구
- 音 소리 음
- 頁 머리 혈
- 風 바람 풍
- 飛 날 비
- 食(飠) 밥 식
- 首 머리 수
- 香 향기 향

┃ 十劃 ┃
- 馬 말 마
- 骨 뼈 골
- 高 높을 고
- 髟 터럭 발
- 鬥 싸울 투
- 鬯 울창주 창
- 鬲 솥 력

- 鬼　귀신 귀

◀ 十一劃 ▶
- 魚　물고기 어
- 鳥　새 조
- 鹵　소금밭 로
- 鹿　사슴 록
- 麥　보리 맥
- 麻　삼 마

◀ 十二劃 ▶
- 黃　누를 황
- 黍　기장 서
- 黑　검을 흑
- 黹　바느질할 치

◀ 十三劃 ▶
- 黽　맹꽁이 맹
- 鼎　솥 정
- 鼓　북 고
- 鼠　쥐 서

◀ 十四劃 ▶
- 鼻　코 비
- 齊　가지런할 제

◀ 十五劃 ▶
- 齒　이 치

◀ 十六劃 ▶
- 龍　용 룡
- 龜　거북 귀

◀ 十七劃 ▶
- 龠　피리 약

필순의 기초

: 한자를 쓸 때의 바른 순서를 필순 또는 획순이라 하는데 기초가 되는 순서 및 운용은 다음과 같다.

❶ 위에서 아래로 쓰는 경우

三 : 一 二 三

言 : 一 二 三 言 言 言 言

喜 : 一 十 士 吉 吉 喜 喜

❷ 왼쪽에서 오른쪽으로 쓰는 경우

川 : 丿 刂 川

利 : 一 二 千 千 禾 利 利

順 : 丿 刂 川 順

❸ 가로획을 먼저 쓰는 경우

十 : 一 十

士 : 一 十 士

共 : 一 丗 丗 共 共

臣 : 一 丆 丆 丆 丆 臣

❹ 세로획을 먼저 쓰는 경우

田 : 丨　冂　冂　由　田

曲 : 冂　由　由　曲　曲

❺ 가운데를 먼저 쓰는 경우

水 : 亅　刁　水　水

承 : ㇇　了　手　手　承　承

赤 : 土　赤　赤　赤

❻ 꿰뚫는 세로획을 맨 나중에 쓰는 경우

中 : 丨　冂　口　中

平 : 一　𠃌　平　平　平

車 : 一　厂　𠃌　戸　亘　車

❼ 꿰뚫는 가로획을 맨 나중에 쓰는 경우

子 : ㇇　了　子

女 : 人　女　女

安 : 宀　女　安　安

❽ 삐침과 가로획

右 : ノ ナ ナ 右 右

左 : 一 ナ ナ 左 左

希 : ╳ ㄨ ㆒ 希

❾ 오른쪽 위의 점을 마지막에 쓰는 경우

成 : 厂 成 成 成

戍 : 厂 戍 戍

減 : 氵 減 減 減

❿ 走, 是는 먼저, 책받침은 마지막에 쓴다.

起 : 土 走 起 起 起

題 : 旦 是 題 題 題

道 : ⸯ 䒑 首 渞 道

모양이 비슷한 한자

: 모양이 비슷해서 틀리기 쉬운 한자

干	방패	간	干戈(간과)	代	대신할	대	代身(대신)
于	어조사	우	于今(우금)	伐	칠	벌	討伐(토벌)
功	공	공	成功(성공)	篤	도타울	독	篤實(독실)
巧	공교할	교	巧妙(교묘)	罵	욕할	매	罵倒(매도)
起	일어날	기	早起(조기)	削	깎을	삭	削除(삭제)
赴	다다를	부	赴任(부임)	消	사라질	소	消費(소비)
納	들일	납	納稅(납세)	紹	소개할	소	紹介(소개)
訥	말더듬을	눌	語訥(어눌)	招	부를	초	招待(초대)
但	다만	단	但書(단서)	俗	풍습	속	風俗(풍속)
坦	편편할	탄	坦坦(탄탄)	裕	넉넉할	유	餘裕(여유)
撞	부딪칠	당	撞球(당구)	幼	어릴	유	幼稚(유치)
憧	그릴	동	憧憬(동경)	幻	허깨비	환	幻想(환상)

材	재목	재	材料(재료)	悽	슬플	처	悽慘(처참)
村	마을	촌	村落(촌락)	棲	깃들일	서	棲息(서식)
差	차이	차	差異(차이)	衝	부딪칠	충	衝突(충돌)
羞	부끄러울	수	羞恥(수치)	衡	저울	형	均衡(균형)
治	다스릴	치	政治(정치)	閉	닫힐	폐	閉門(폐문)
冶	녹일	야	冶金(야금)	閑	한가할	한	閑暇(한가)
七	일곱	칠	七夕(칠석)	俓	지름길	경	俓路(경로)
匕	비수	비	匕首(비수)	經	지날	경	經由(경유)
京	서울	경	京鄕(경향)	輕	가벼울	경	輕妄(경망)
哀	슬플	애	悲哀(비애)	旣	이미	기	旣成(기성)
衷	정성	충	衷情(충정)	慨	분개할	개	慨歎(嘆)(개탄)
衰	쇠잔할	쇠	衰弱(쇠약)	槪	대개	개	槪念(개념)

列	벌릴	렬	羅列(나열)
裂	갈라질	렬	分裂(분열)
烈	세찰	렬	猛烈(맹렬)
瞭	아득할	료·요	瞭望(요망)
僚	동료·관리	료	官僚(관료)
療	고칠	료	治療(치료)
噴	내뿜을	분	噴水(분수)
墳	무덤	분	墳墓(분묘)
憤	분할	분	憤慨(분개)
碎	깨뜨릴	쇄	粉碎(분쇄)
粹	순수할	수	純粹(순수)
醉	취할	취	醉態(취태)

劍	칼	검	劍道(검도)
儉	검소할	검	儉素(검소)
檢	검사할	검	檢査(검사)
險	험할	험	險路(험로)
慕	사모할	모	思慕(사모)
募	모을	모	募集(모집)
墓	무덤	묘	墓地(묘지)
暮	저물	모	歲暮(세모)
僧	중	승	僧侶(승려)
增	더할	증	增産(증산)
憎	미워할	증	愛憎(애증)
贈	줄	증	贈呈(증정)

仰	우러를	앙	信仰(신앙)	愉	즐길	유	愉快(유쾌)
抑	억누를	억	抑壓(억압)	諭	깨우칠	유	諭示(유시)
迎	맞이할	영	歡迎(환영)	輸	보낼	수	輸送(수송)
疫	돌림병	역	疫病(역병)	疑	의심할	의	疑問(의문)
疾	병	질	疾患(질환)	擬	비길	의	擬人(의인)
疲	고달플	피	疲困(피곤)	凝	엉길	응	凝固(응고)
緣	인연	연	因緣(인연)	栽	심을	재	栽培(재배)
綠	초록빛	록·녹	綠色(녹색)	裁	마름질할	재	裁斷(재단)
錄	적을	록	記錄(기록)	載	실을	재	積載(적재)
援	도울	원	援助(원조)	倍	곱	배	倍數(배수)
緩	느슨할	완	緩和(완화)	培	북돋울	배	培養(배양)
煖	따뜻할	난	煖房(난방)	剖	가를	부	解剖(해부)

義	옳을	의	正義(정의)
儀	거동	의	儀式(의식)
議	의논할	의	論議(논의)
犧	희생할	희	犧牲(희생)
昭	밝을	소	昭明(소명)
照	비칠	조	照明(조명)
詔	조서	조	詔書(조서)
沼	늪	소	沼澤(소택)

侍	모실	시	侍從(시종)
待	기다릴	대	待機(대기)
持	가질	지	所持(소지)
特	특별할	특	特別(특별)
惰	게으를	타	惰性(타성)
墮	떨어질	타	墮落(타락)
隨	따를	수	隨筆(수필)
髓	골수	수	骨髓(골수)

靑出於藍 청출어람

제자가 스승보다 낫다는 말.

두 가지 이상의 음을 가진 한자

한자	뜻	음	예		한자	뜻	음	예
降	내릴 항복할	강 항	降臨(강림) 降伏(항복)		宅	집 집	택 댁	住宅(주택) 宅內(댁내)
更	다시 고칠	갱 경	更生(갱생) 變更(변경)		度	법도 헤아릴	도 탁	溫度(온도) 忖度(촌탁)
車	수레 수레	거 차	車馬(거마) 車票(차표)		讀	읽을 구절	독 두	讀書(독서) 吏讀(이두)
乾	하늘 마를	건 간	乾坤(건곤) 乾物(간물)		洞	마을 통할	동 통	洞里(동리) 洞察(통찰)
廓	둘레 바로잡을	곽 확	外廓(외곽) 廓正(확정)		率	비율 거느릴	률 솔	能率(능률) 統率(통솔)
龜	땅이름 거북 갈라질	구 귀 균	龜浦(구포) 龜鑑(귀감) 龜裂(균열)		反	돌이킬 뒤집을	반 번	反亂(반란) 反畓(번답)
內	안 여관	내 나	內外(내외) 內人(나인)		復	회복할 다시	복 부	回復(회복) 復活(부활)
茶	차 차	다 차	茶道(다도) 綠茶(녹차)		北	북녘 달아날	북 배	北方(북방) 敗北(패배)
丹	붉을 난	단 란	丹靑(단청) 牡丹(모란)		分	나눌 돈표	분 푼	分配(분배) 分錢(푼전)
糖	사탕 사탕	당 탕	糖尿(당뇨) 雪糖(설탕)		殺	죽일 덜	살 쇄	殺傷(살상) 相殺(상쇄)

狀	모양 문서	상 장	狀態(상태) 賞狀(상장)	惡	악할 미워할	악 오	善惡(선악) 憎惡(증오)
塞	변방 막을	새 색	要塞(요새) 窮塞(궁색)	易	바꿀 쉬울	역 이	貿易(무역) 容易(용이)
索	찾을 쓸쓸할	색 삭	索引(색인) 索莫(삭막)	咽	목구멍 목멜	인 열	咽喉(인후) 嗚咽(오열)
省	살필 덜	성 생	反省(반성) 省略(생략)	炙	구울 고기구이	자 적	膾炙(회자) 散炙(산적)
數	셈 자주	수 삭	數學(수학) 頻數(빈삭)	著	지을 붙일	저 착	著者(저자) 著衣(착의)
宿	잠잘 별자리	숙 수	宿命(숙명) 星宿(성수)	切	끊을 모두	절 체	一切(일절) 一切(일체)
拾	주울 열	습 십	拾得(습득) 拾萬(십만)	提	끌 보리수	제 리	提起(제기) 菩提樹(보리수)
食	먹을 밥	식 사	食事(식사) 簞食(단사)	辰	지지 때	진 신	辰甲(진갑) 生辰(생신)
識	알 기록할	식 지	知識(지식) 標識(표지)	參	참여할 석	참 삼	參與(참여) 參拾(삼십)
什	열사람 세간	십 집	什長(십장) 什器(집기)	則	법 곧	칙 즉	規則(규칙) 則刻(즉각)

沈 {	잠길 성	침 심	沈沒(침몰) 沈淸(심청)	說 {	말씀 달랠 기뻐할	설 세 열	解說(해설) 遊說(유세) 說樂(열락)

沈 { 잠길 침 沈沒(침몰)
　　　 성　 심 沈淸(심청)

拓 { 박을　탁 拓本(탁본)
　　　 넓힐　척 開拓(개척)

布 { 베　　포 布石(포석)
　　　 베풀　보 布施(보시)

罷 { 파할　　파 罷業(파업)
　　　 고달플　피 罷勞(피로)

便 { 편할　편 便利(편리)
　　　 오줌　변 大便(대변)

暴 { 사나울　폭 暴動(폭동)
　　　 사나울　포 暴惡(포악)

行 { 다닐　행 行脚(행각)
　　　 항렬　항 行列(항렬)

說 { 말씀　　설 解說(해설)
　　　 달랠　　세 遊說(유세)
　　　 기뻐할　열 說樂(열락)

樂 { 즐길　　락 娛樂(오락)
　　　 풍류　　악 樂器(악기)
　　　 좋아할　요 樂山(요산)

刺 { 찌를　자 諷刺(풍자)
　　　 수라　라 水刺(수라)

반대 및 상대의 뜻을 가진 한자

加	더할	가	↔	減	덜	감
可	옳을	가	↔	否	아닐	부
甘	달	감	↔	苦	쓸	고
强	강할	강	↔	弱	약할	약
開	열	개	↔	閉	닫을	폐
儉	검소할	검	↔	奢	사치할	사
慶	경사	경	↔	弔	조상할	조
輕	가벼울	경	↔	重	무거울	중
苦	괴로울	고	↔	樂	즐거울	락
高	높을	고	↔	低	낮을	저
古	옛	고	↔	今	이제	금
曲	굽을	곡	↔	直	곧을	직
功	공로	공	↔	過	과실	과
公	공평할	공	↔	私	사사로울	사
貴	귀할	귀	↔	賤	천할	천
近	가까울	근	↔	遠	멀	원
勤	부지런할	근	↔	怠	게으를	태

273

禽	날짐승	금	↔	獸	길짐승	수
難	어려울	난	↔	易	쉬울	이
濃	짙을	농	↔	淡	묽을	담
多	많을	다	↔	少	적을	소
斷	끊을	단	↔	繼	이을	계
大	큰	대	↔	小	작을	소
動	움직일	동	↔	靜	고요할	정
同	한가지	동	↔	異	다를	이
鈍	둔할	둔	↔	敏	민첩할	민
得	얻을	득	↔	失	잃을	실
冷	찰	랭	↔	溫	따뜻할	온
老	늙을	로	↔	少	젊을	소
利	이로울	리	↔	害	해로울	해
晚	늦을	만	↔	早	이를	조
忙	바쁠	망	↔	閑	한가할	한
買	살	매	↔	賣	팔	매
明	밝을	명	↔	暗	어두울	암

問	물을	문	↔	答	대답할	답
逢	만날	봉	↔	別	이별할	별
否	아닐	부	↔	肯	수긍할	긍
浮	뜰	부	↔	沈	잠길	침
悲	슬플	비	↔	喜	기쁠	희
死	죽을	사	↔	活	살	활
賞	상	상	↔	罰	벌	벌
上	위	상	↔	下	아래	하
生	날	생	↔	死	죽을	사
善	착할	선	↔	惡	악할	악
盛	성할	성	↔	衰	쇠할	쇠
損	잃을	손	↔	益	이익	익
送	보낼	송	↔	迎	맞을	영
首	머리	수	↔	尾	꼬리	미
受	받을	수	↔	授	줄	수
昇	오를	승	↔	降	내릴	강
勝	이길	승	↔	敗	질	패

始	처음	시	↔	終	끝	종
是	옳을	시	↔	非	그를	비
新	새로울	신	↔	舊	옛	구
深	깊을	심	↔	淺	얕을	천
愛	사랑	애	↔	憎	미워할	증
哀	슬플	애	↔	歡	기쁠	환
逆	거스를	역	↔	順	따를	순
厭	싫을	염	↔	樂	좋아할	요
往	갈	왕	↔	來	올	래
外	바깥	외	↔	內	안	내
凹	오목할	요	↔	凸	볼록할	철
優	뛰어날	우	↔	劣	못날	렬
有	있을	유	↔	無	없을	무
陰	그늘	음	↔	陽	볕	양
因	까닭	인	↔	果	결과	과
雌	암컷	자	↔	雄	수컷	웅
自	스스로	자	↔	他	남	타

長	길	장	↔	短	짧을	단
前	앞	전	↔	後	뒤	후
絶	끊을	절	↔	連	이을	련
淨	깨끗할	정	↔	汚	더러울	오
靜	고요할	정	↔	騷	시끄러울	소
正	바를	정	↔	誤	그르칠	오
朝	아침	조	↔	夕	저녁	석
燥	마를	조	↔	濕	젖을	습
尊	높을	존	↔	卑	낮을	비
縱	세로	종	↔	橫	가로	횡
左	왼	좌	↔	右	오른	우
主	주인	주	↔	客	손님	객
晝	낮	주	↔	夜	밤	야
呪	저주할	주	↔	祝	축하할	축
遲	더딜	지	↔	速	빠를	속
眞	진실	진	↔	僞	거짓	위
進	나아갈	진	↔	退	물러날	퇴

| 集着天添淸出忠豊彼寒虛賢狹好禍擴興 | 모을 집 ←→
도착할 착 ←→
하늘 천 ←→
더할 첨 ←→
맑을 청 ←→
나갈 출 ←→
충성 충 ←→
풍년 풍 ←→
저 피 ←→
찰 한 ←→
빌 허 ←→
현명할 현 ←→
좁을 협 ←→
좋을 호 ←→
재앙 화 ←→
늘릴 확 ←→
일어날 흥 ←→ | 散發地削濁入奸凶此暖實愚廣惡福縮亡 | 흩어질 산
떠날 발
땅 지
깎을 삭
흐릴 탁
들어올 입
간사할 간
흉년 흉
이 차
따뜻할 난
찰 실
어리석을 우
넓을 광
미워할 오
복 복
줄일 축
망할 망 |

두음법칙 한자

: 한자음에서 첫 글자의 첫소리(초성)가 ㄴ·ㄹ일 때, ㅇ·ㄴ으로 발음되는 것을 두음법칙(頭音法則)이라 한다.

ⓝ ➔ ⓞ

尿 뇨	뇨	糖尿病(당뇨병)	匿 닉	닉	隱匿(은닉)
	요	尿素肥料(요소비료)		익	匿名(익명)
尼 니	니	比丘尼(비구니)	念 념	념	理念(이념)
	이	尼僧(이승)		염	念佛(염불)
女 녀	녀	小女(소녀)	年 년	년	數十年(수십년)
	여	女子(여자)		연	年代(연대)

ⓡ ➔ ⓝ ⓞ

洛 락	락	京洛(경락)	廊 랑	랑	舍廊(사랑)
	낙	洛東江(낙동강)		낭	廊下(낭하)
蘭 란	란	香蘭(향란)	慮 려	려	憂慮(우려)
	난	蘭草(난초)		여	慮外(여외)
濫 람	람	氾濫(범람)	勵 려	려	奬勵(장려)
	남	濫發(남발)		여	勵行(여행)
拉 랍	랍	被拉(피랍)	曆 력	력	陽曆(양력)
	납	拉致(납치)		역	曆書(역서)
浪 랑	랑	放浪(방랑)	蓮 련	련	修蓮(수련)
	낭	浪說(낭설)		연	蓮根(연근)

ㄹ → ㄴ ㅇ

戀 런	런 悲戀(비련) 연 戀情(연정)	
劣 렬	렬 拙劣(졸렬) 열 劣等(열등)	
廉 렴	렴 淸廉(청렴) 염 廉恥(염치)	
嶺 령	령 大關嶺(대관령) 영 嶺東(영동)	
露 로	로 白露(백로) 노 露出(노출)	
爐 로	로 火爐(화로) 노 爐邊(노변)	
祿 록	록 國祿(국록) 녹 祿俸(녹봉)	
弄 롱	롱 戲弄(희롱) 농 弄談(농담)	
雷 뢰	뢰 地雷(지뢰) 뇌 雷聲(뇌성)	

療 료	료 治療(치료) 요 療養(요양)
龍 룡	룡 靑龍(청룡) 용 龍床(용상)
倫 륜	륜 人倫(인륜) 윤 倫理(윤리)
隆 륭	륭 興隆(흥륭) 융 隆盛(융성)
梨 리	리 山梨(산리) 이 梨花(이화)
裏 리	리 表裏(표리) 이 裏面(이면)
吏 리	리 官吏(관리) 이 吏讀(이두)
理 리	리 倫理(윤리) 이 理解(이해)
臨 림	림 君臨(군림) 임 臨席(임석)